10

본격
한중일
세계사

본격 한중일 세계사
10 강화도조약 Ominous

초판 1쇄 발행 2021년 3월 30일 **초판 3쇄 발행** 2024년 6월 19일

지은이 굽시니스트
펴낸이 최순영

출판2 본부장 박태근
지적인 독자 팀장 송두나
편집 김광연

펴낸곳 ㈜위즈덤하우스 **출판등록** 2000년 5월 23일 제13-1071호
주소 서울특별시 마포구 양화로 19 합정오피스빌딩 17층
전화 02) 2179-5600 **홈페이지** www.wisdomhouse.co.kr

ISBN 979-11-9142-590-1 04900
      979-11-6220-324-8 (세트)

벽보한중일 세계사

10
강화도조약
Ominous

굽시니스트 글·그림

위즈덤하우스

머리말

이 장황한 만화가 결국 10권까지 이르게 되었습니다. 인문 교양서적 출간에 큰 뜻을 지닌 출판사 위즈덤하우스가 아니었다면 실로 어려운 일이었을 것입니다. 이제 이 시리즈의 종점이 어디쯤일지 내다본다면 역시 1910년 한일합방 정도가 아닐지 싶습니다. 1911년 신해혁명은 언젠가 있을지 모를 다른 시리즈의 화려한 오프닝으로 남겨두는 편이 좋을 것 같습니다.

이 10권에서 1876년 강화도조약까지 다루었으니 이제 1910년까지는 34년 남았군요. 이 시리즈의 1권이 대략 1839년경부터 시작했고, 거기서부터 1876년까지 37년여의 역사를 다루는 데 열 권의 책이 필요했습니다. 그렇다면 남은 34년을 다루는 데도 대략 열 권 정도면 적당하지 않을까-라는 느낌이 드는군요. 사실 그렇게 20권을 딱 맞춰서 끝내는 편이 모두에게 좋은 일이지요. 사실《본격 한중일 세계사》를 시작하기 전 출판사 분들과 이야기를 나누며 "전권 다섯 권 정도로 마무리되지 않을까요. ㅎㅎ"-라던 기억이 납니다. 다시 한번 위즈덤하우스에 큰 감사의 뜻을 표합니다. 그렇게 20권을 완결로 잡는다면, 10권은 이제 딱 중간 정도 온 셈이지요.

그런데 사실 남은 34년을 앞으로 열 권 내에 담을 수 있을지 살짝 걱정되기도 합니다. 1880년대부터 1900년대까지의 시기는 정말 동북아시아에서 거의 매년 대형 이벤트가 팡팡 터진 격동의 타임라인이기에, 이를 열 권 분량 안에 다 담을 수 있으리라고는 쉽게 자신할 수 없습니다. 이 때문에 앞으로는 전개에 좀더 속도감을 높이고, 권당 쪽수도 최대한 늘리고, 구성도 좀더 빡빡하게 욱여넣어 어떻게든 남은 열 권 안에 1910년까지 찍을 수 있도록 노력하겠습니다.

　여기까지의 열 권에 함께해주신 독자 여러분께 감사드리며 앞으로의 열 권에도 성원 부탁드립니다.

2021년 3월

굽시니스트

차례

제 1 장

코뮌 하지
말아요

1871년 1월 28일, 보불전쟁이 사실상
프랑스의 항복으로 마무리되고.

독일과의 강화 협상 조건을
수행할 정부 구성을 위해
총선이 진행됩니다.

1871년 2월 총선은
보수파가 주도하는 정국에서
도시보다는 지방의 표심이
더 크게 작용한 선거였습니다.

So, 총선 결과 전체 의석의
3분의 2를 보수파, 왕당파가
차지하게 되었지요♬

황제가 프랑스를
말아먹을 거라고
내 항상 경고했지!!

그리 구성된 국회는 73세의 노정객
아돌프 티에르를 대통령으로 선출.
보르도의 국방정부가 종료되고
임시정부가 출범합니다.

굴욕적 강화 이후
보수파 임시정부가 출범한 것과
독일군의 파리 땅 밟기
퍼레이드로 이어진
정국 진행에 대해—

파리는 크게 분개하며
임시정부에 이빨을
드러냈습니다.

우리가 이 꼴 보자고
파리 포위전을 그리
죽자 살자 수행했나?!

진보 좌파 손발 묶어놓고
치른 불공정 총선 결과도
인정할 수 없다!!

국민위병은 저 협잡꾼
임시정부의 지휘 따위
듣지 않겠시다!!

특히 포위 기간, 파리를 방어한 주요 무장 세력인
국민위병(Garde nationale)이 임시정부의 권위를 무시하고 나섰으니.

내가 공장도 굴려보고
시장도 해봤는디, 역시
사람은 신앙이 있어야—

이 국민위병은 일반 시민들이
마을 단위로 모여 부대를 이루는
일종의 예비군으로,

어이, 장씨,
싸물고 밥이나
먹어.

프저씨들이 모여서
노닥거리는
동네 조기 축구회
느낌이랄까—

단위 지휘관도
우덜끼리 선출하는지라
정규군 지휘 계통과
상관없는 진짜
시민들의 모임이죠.

다사다난한 프랑스 근대사에서
이 파리 국민위병이 총구를 어디로
돌리냐에 따라 혁명의 향배가 갈려왔다.

그리고 1871년 이 시점에서 파리 국민위병의
정치적 성향은 매우 좌경화되어 있었으니—

뭐, 파리의 민심이
그대로 반영된 거죠.

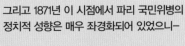

파리 포위전을 치르며
파리는 우리 것이다
—라는 지분 의식도
강해졌고.

저런 불온한 분위기를
어찌 그대로 냅두겠소이까.
파리를 무장해제 하고
확실히 임시정부의 통제하에 둬야죠.

국민위병이 장악하고 있는
몽마르트르 포대의 대포들을
다 걷어내도록 하시오!

선배님들~ 이제
집에 가시지들
말입니다~

헉?!

3월 8일, 임시정부의 정규군 2개 여단이
몽마르트르 포대의 대포들을 접수하러 왔다가—

모여든 국민위병과 시민들에게 둘러싸이자
총구를 거꾸로 돌려 파리 시민들 편에 선다.

정규군 장교들은 파리 시민들에게 억류당하고.

국민위병과 시민들(블랑키파 등 좌익 세력이 주축)은
이날 파리의 모든 주요 거점을 점거하고 혁명을 선포.

티에르와 임시정부는 재빨리
파리를 빠져나와 베르사유로 퇴각.

크악!!! 이때 재빨리 뒤쫓아가서
저 번견 정권의 목을 땄어야지!!!!

뭔 정치적 근본 어쩌고
따지면서 선거 놀음 한다고
기회를 날려먹다니!!!!

뭐여, 저건;;

사회주의의 대석학인
칼 마르크스 옹입니다.
동양으로 치면
주자 레벨이랄까요.

사회주의?

아아, 이미 아시겠지만, 이 서구 자본주의 세상에서는
소수의 자본가가 자본과 생산수단을 독점하고

이 구조가 바로
혁신입니다!!

노동자들의 고된 노동의
산물인 잉여가치를
지나치게 싹쓸이하고 있지요.

그 가치를 실제로 만들어낸
노동자들에게는 농노만도 못한
임금이 주어질 뿐입니다.

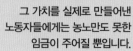

나님이
고용해준 덕분에 받는
월급에 감사하도록!

애초에 왜 이런 식으로
일자리를 구하고
임금에 납득해야 하는
구조인지 의문이군요….

모든 사유재산은
장물이기 때문이지!!!

이 구조 자체가 가로챈 가치로
이룬 도둑 자본들의 축적 결과물!!

그러니 이 구조 자체를
파괴해야해!

파괴는
창조의 열정이다!!

프루동   바쿠닌

이렇게 자본주의 세상의 모순을 타파하고자 하는
사회주의가 유럽에 득세하고 있는 중입니다.

그리하여 프랑스에서는
왕당파와 공화파에
이 사회주의 추종
노동자 세력까지 얽힌 치열한
이념 투쟁이 벌어지고
있었던 것이죠.

이 이념 각축 속에서 나폴레옹 3세는
각 진영에 듣기 좋은 적당한 말들로
교묘하게 20년간 나라를 이끌어온 것.

하지만 그런 개인기 운영은 결국 한계에 부딪히고,
예견된 파국을 피하기 위해 대외 전쟁을
돌파구로 삼게 되었으니.

으어, 더는 못 버틴다!!!
빅 리스크!! 빅 프로핏!!
국운 베팅 간드아!!!!!

결국 제2 제정은
전쟁으로 패망.

시망쾅!

한 방에 핵력을 잃은 이념 갈등은
핵분열로 치닫는다.

이 분열상에서,
누가 나라를 이끌어야 할 것인가!

아니 솔직히 왕후장상, 부르주아-
다 한 번씩 권력 잡아봤으니,
이제는 노동자가 권력 잡을 차례죠?!

그 꼬라지는 내가
못 두고 보지!!

ㅇㅇ, 한판 떠.

그렇게 파리 시민들이 골목 곳곳에 바리케이드를 세울 적에
저도 불려 나가 일을 도와야 했지요.

석회는 옆 동네에
전달해주세요.

위, 무슈.
(Oui monsieur)

오, ㄴㄴㄴ~
노동자 공화국에는 무슈가 없어요!
동지(camarade)라고 해야죠~!

· · · · ·

사이온지는
파리코뮌에
별로 좋은 인상을
받지 못했다고 한다.

1871년 3월 23~26일,
파리 시 정부 수립을 위한 선거가 진행되고.

뭐, 어차피 거의 다
좌파 후보들만 나왔으니.

URNE
ÉLECTORALE

019 제1장_코뮌 하지 말아요

선거 결과 92명의
평의회 의원이 선출되어
코뮌 정부 수립!

근데 30여 명이 궐석이었는지라
실제 코뮌 평의원 숫자는
60여 명 정도였지요.

권력 집중을 막기 위해 정부 수반을 따로 두지는 않고,
명예 주석으로 프랑스 사회주의 지도자
루이 오귀스트 블랑키를 선출.

루이 오귀스트 블랑키

문제는 이때
내가 지방 감옥에
수감 중이었다는 거지.

코뮌 정부는
여러 위원회를 두고
각종 사회 개혁에 착수.

우선, 철저한
정교 분리!

교회 자산도 모두 국가에 귀속!!
은촛대도 다 나라 것이오!

전쟁 기간의
부채 탕감!

징병제 폐지!

하지만 성인 남성은 모두 의무적으로
국민위병 소집에 응해야 했지요.

그렇게 숫자상으로는 약 25만
대군이라 할 수 있지만…

사장이 도망간 경우,
노조의 사업장 인수 운영 허용!

도망간 사장한테는
회사 가격을 보상해준다니;
뭔 순한 맛 공산주의인가…

**일일 노동 시간
10시간 이하로 제한!**

워라벨~

휴식

노동

빵집 노동자의 야간 노동 금지!

여성 참정권 추진!!

다음 선거부터는
여자도 투표 가능이죠?!

권위주의 타파!

나폴레옹이 원피스 입고 서 있는
기분 나쁜 방돔탑 철거!!

코뮌 평의원 화가 쿠르베 (살짝 미친 사람 같기도)

그리 과감하게 사회 개혁을 추진해나가는
와중에도 코뮌 정부는 프랑스 은행의
금은 건드리지 않았다.

…예전 선배들이 통화 정책
잘못 건드렸다가 지옥을 겪은
선례가 너무 많아서;;;

덕분에 프랑화는 계속 정상 유통.

이 무슨 쫄보들이란 말인가!!!
은행 문 뚜까 뿌수고
금 다 들어내서 홍길동처럼
뿌려버렸어야지!!!

그렇게 프랑스 자본주의의 기반을 파괴했다면
베르사유 임시정부도 재정 파탄으로 붕괴했을 것이고!
ㄹㅇ 공산혁명 성공했을 것인데!!!

근데, 그랬으면 對독 배상금
지불에 50년 넘게 걸렸겠지…

아무튼 프랑스 은행의 금이 온존한 덕분에,
베르사유 임시정부는 계속 발권할 수 있었고,
내전을 치를 자금 확보에 성공한다.

금이 거기 있다는 것만
확실하면 금고 열쇠를
누가 갖고 있는지는
중요하지 않죠. ㅎ

그리고 마르세유, 리옹,
툴루즈 등지에서 일어난
코뮌 동조 봉기들도 신속히 진압.
파리를 제외한 전국을
확실히 장악한다.

파리가 유행의
중심이라는 건
패션에 국한한다!

이웃들 보기
창피하게 이게
뭔 꼴이니!!

빨갱이 잘
때려잡으라고~!

괜히 여기저기
빨갱병 옮기지 말고!

국제사회도
당연히 베르사유
임시정부를 지지.

티에르는
독일에 40여 만 명의
포로 조기 송환을 요청.

저 빨갱이들 잡으려면
우리 병사들을 빨리 다
돌려받아서 군대를
마련해야겠는데요;;

아아, 이거 데리고 있어봤자
밥값만 들고,
얼른 데려가쇼!

임박한 내전의 위기 속에서
공화파 정치인들이
양자를 중재해 내전을 막으려
노력해보지만.

파리 18구 국회의원
조르주 클레망소(29세)

클레망소와 공화파 인사들은
파리를 떠나고.

4월 2일,
코뮌군은 베르사유를 선제공격.

4월 3일, 정부군에게
깔끔하게 격퇴당한다.

으어; 역시
현역은 세구나;

4월, 독일 포로수용소에서
풀려난 병력들이 정부군에 합류,
파리 근방에 15만 군세를 이룬다.

포로수용소 밥
정말 끔찍했다….
빨리 파리 맛집에서
혀를 정화해야 해.

역시 포로 생활에서 풀려난 드마크마옹 장군이 군을 지휘.

정부군은 4월 말부터 5월 중순까지 파리 주변 요새들을 공략.

별다른 큰 전투도 없이
차례차례 접수했죠.

이에 맞서는
코뮌군의 일선 지휘관들은
하루가 멀다 하고
계속 교체되어나간다.

지휘관에게 지휘 전권 없이
군사위원회의 시누이
컨트롤대로만 따라야 해;;

제2의 나폴레옹이 나올까 우려한
코뮌 수뇌부는 전문 장교들을
신뢰하지 않았고, 어떻게든 완벽한
통제하에 놓으려 옥죄었지요.

최상급 지휘관인 동브로프스키 장군은
제기된 의혹들을 해명하기 위해
조사위원회에 계속 불려 다녀야 했다.

그냥
폴란드에서 러시아 놈들이랑
싸우며 지냈다면 적어도
발암 걱정은 없었을 텐데…

코뮌 평의회는 마지막 요새가 함락되는 순간에도
추상적인 고담준론으로 날을 새고.

위기 상황을 맞아
누군가에게 비상대권을
부여하는 게 맞는 일일까요?

고대 로마 민주정도
위기 시에는 비상대권으로
위기를 극복했죠!

그러다가 결국 로마가
황제 독재로 넘어간 것
아닙니까!

하지만 우린 로마의
후예가 아니지요.

그렇다면 진정한
로마의 후예란
어디일까요?

1871년 5월 21일, 외인부대를 앞세운
정부군의 파리 시내 진입이 시작.

포로는
필요 없다.

파리 시가전—피의 일주일이 시작된다.

PS. 달팽이여 코뮌의 운명을 전하라!

베르사유 정부가 파리로 통하는 전신망을 모두 끊었기 때문에
코뮌 측은 외부와의 연락 수단을 궁리해야 했습니다.

풍선 같은 걸
날리기도 했지만,
더욱 놀라운 아이디어도
사용되었지요.

두 달팽이가 끈적끈적 농후한 교미를 겪고 나면,

이 두 달팽이의 신경이 거리에 상관없이
양자 얽힘처럼 싱크로된다는 설이 있습니다.

즉
송신 달팽이를 건드려
움찔하게 하면

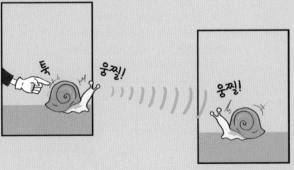

툭   움찔!

움찔!

천 리 밖의 수신 달팽이도
그 순간 똑같이 움찔한다는 것!

이 원리를 이용해 싱크로된 여러 달팽이 커플을
만들어서 알파벳마다 배정하고,
송수신 측이 나눠 가진다.

파리에서 리옹으로 문자 B를 전하기 위해,
B 송신 달팽이를 건드려 움직이면,

리옹에서 B 수신 달팽이가 똑같이 움직인다.
이런 식으로 결국 문장도 전달할 수 있다는 것!

물론 이 달팽이 통신기가
실제로 작동하지는 않았지만,
오늘날 만화 0피스에 나오는 전보벌레가 여기서
모티프를 얻었다는 얘기도 있으니, 참으로
근본 있는 설정이라 하겠습니다.

제 2 장

유럽에서
배우다

1871년 5월 21일, 6만 정부군이
파리 서쪽에서
진입해 들어오기 시작한다.

이때까지만 해도 코뮌 일각에서는
순진한 바람을 품고 있었지만,

정부군 병사들도 억압받는
피지배 계층 형제들이니
결국은 다 우리 편으로
넘어오지 않을까요?

But, 시골 징집병인 정부군 병사들은
파리의 빨갱이들을 매우 혐오했다.

더러운 무신론자 놈들이
가톨릭을 능멸하다니!!

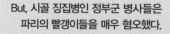

저 빨갱이들이 권력 잡게
내비두면 강화 다 엎고
독일이랑 또 전쟁할 텐데,
그러면 우리만 또 전쟁터
끌려가는 거지!!

어; 음;
그러면 역시 파리의 명물
골목 바리케이드로
정부군을 막아내야겠군요.

옛 파리의
구불구불 복잡하게 얽혀 있는
좁은 골목길들은
바리케이드 방어전에 최적의
조건이었지요.

저 좁은 길에 한꺼번에 많은 병력을
투입할 수도 없고,

공격 병력도 결국
흩어질 수밖에 없고

대포 움직이는 데도
애로 사항이 꽃피고

파리 전체를 장악하려면
저 수많은 바리케이드
섹터를 하나하나 다
점령하는 수밖에 없으니.

But, 1860년대에 이르러–

그런 디스토피아 하이브 월드 같은 파리는 이 시장님이 해치웠으니 안심하라구!!

오스만 남작

파리 시장(1853~70)

파리 大재개발!! 대로 만들기로 싹 다 밀어버렸습니다!!

오스만의 파리 대개조로 골목길과 낡은 건물들이 싹 다 밀리고 파리 중심지들을 관통하는 여러 대로가 시원하게 뚫립니다.

가로등과 가로수

이때 처음으로 인도와 차도를 나누는 보도블록 개념이 도입되죠.

길을 따라 낸 하수구

대로변에 새로 건설된 오스만식 주상복합 건물들.

이리 개조된 새로운 파리! 이제 군 투입 시,
대로를 따라 대병력을 빠르게 진격시키는 것만으로
순식간에 주요 거점을 장악할 수 있으며,
골목 바리케이드들은 대로를 장악한
정부군에게 별 걸림돌이 되지 못합니다.

대포 움직이기도 쉽고,
병력 간 연계도 쉽고,

바리케이드 공략은 이제
도시 점령의 메인 테마가 아니라,
도시 점령 후의 소탕전일 뿐.

수비하는 처지에서는 저 넓은 대로에
바리케이드를 치는 뻘짓을
벌이기엔 난감한 환경이 된 거죠;

설치된 바리케이드들도 대포로 주변 건물들을 부수면서 공략. ㅎ

도저히 버틸 수가 없죠!!

파리 시민 100만 총폭탄이다!!

그래도 코뮌은 여성 부대원들까지 동원하며 5~10만 병력으로 격렬하게 저항에 나서지만.

몽마르뜨의 붉은 처녀 **루이즈 미셸**

그래도 코뮌군은 오합지졸 골목 군대. 기관총까지 동원한 정부군의 화력과 조직력 앞에 추풍낙엽처럼 갈려나간다.

아니, 독일군이랑 싸울 때나 저리 잘 싸웠으면 오죽 좋아?!

5월 23일, 코뮌군 사령관 동브로프스키 장군 전사.

"…아직도 코뮌 평의회가
내 결백을 의심한대나?!"

(최후의 유언)

정부군은 5월 21일, 파시 지구 점령을 시작으로

대략 파리 지하철
9호선 라인과 엇비슷한
진군로랄까요?!

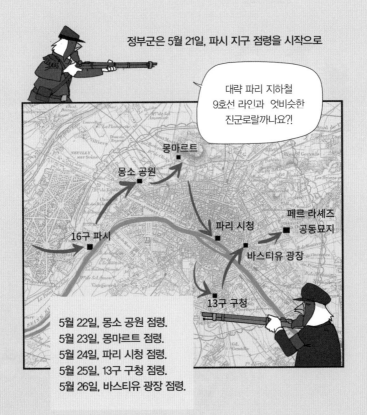

몽마르트

몽소 공원

페르 라셰즈
공동묘지

16구 파시

파리 시청

바스티유 광장

13구 구청

5월 22일, 몽소 공원 점령.
5월 23일, 몽마르트 점령.
5월 24일, 파리 시청 점령.
5월 25일, 13구 구청 점령.
5월 26일, 바스티유 광장 점령.

그리 순조롭게
도시를 점령해가며
닥치는 대로
코뮌군 병사들과
용의자들을
잡아들인다.

아니, 내가 코뮌군인지
아닌지 어떻게
입증할 건데?!

고것은, 손바닥을 보면
알 수 있구연~

윙? 손금이라도
보는 건가?

○○. 너님 명줄은
오늘까지인 걸로
나오네요.

손바닥에 화약 흔적이 있는 사람은
코뮌 병사로 간주해 모두 즉결 처형行.

증거도 재판도 없이
이게 뭔 야만스러운
짓거리냐?!

그런 문명의 혜택은
빨갱이에게는
허락되지 않아.

네 손으로 쟤 죽이면
넌 살려주마.

포로를 시켜 다른 포로를 처형하는
수법도 곳곳에서 자행된다.

ㄷㄷㄷ

쏴! 기욤!
쏘라고!

정부군의 코뮌군 포로 학살에
코뮌 평의회는 크게 분노해―

그리 더럽게 나온다면,
우리도 꿈틀하는 시늉은
해줘야겠지!!!

인질들을
끌어내도록!!

5월 24일, 코뮌 측은
정부군의 포로 학살에 대한 보복으로,
억류 중이던 파리 대주교와 사제,
보수파 인사들 63명을 처형한다.

조선에서 우리 선교사들
처형하는 걸 신경 쓸 계제가
아니었군요….

5월 27일, 페르 라셰즈 공동묘지에서의 전투를 끝으로
코뮌군 병력의 조직적 저항은 종료.

5월 28일,
전투 종료 선언.

이 피의 일주일간, 정부군 전사자 1,000명에 비해
코뮌 측은 약 2만여 명이 학살당했다고 한다.

수천여 명의 코뮌 가담자가 파리를 탈출해 해외로 망명.

쿠르베는 스위스로
튀었습니다.

(하지만 다행히도 1880년대에
대충 다 사면받습니다.)

그렇게 파리의 피로 물든 대로 위에서
프랑스 제3 공화국이 막을 올리게 된 것입니다.

1875년 확정 개헌으로
상하 양원의 의원내각제 확립.

마르크스는 코뮌의 운명에 크게 비통해하며
바로 《프랑스 내전》을 출간해
실전 혁명을 논했습니다.

일단 한번 실제로 해봤다는 게
중요한 거야!

다음번에는
더 잘할 수 있어!!

시가전 기간,
많은 고택 대궐이 불길에 휩싸였고
루브르 박물관도 화재로 전소될 뻔했지만,

내전 와중에도 자리를 지킨
성실한 소방대원들 덕분에
소중한 문화유산들을
지켜낼 수 있었지요.

흠, 저 현대 소방서 시스템은
도입할 가치가 있구먼.

그리고 이 코뮌 기간 중에
〈인터내셔널가〉가 작사되기도.

인터~내셔널~
인터내셔널~♬

끝내 이기리라~! ♬

인터내셔널인지 인처내셔널인지 그딴 거 모르겠고, 이념 갈등으로 저리 극렬한 내전이 벌어지다니 너무나 한심한 일이 아닌가!!

아니, 뭐 우리 막 말 혼란기도 비슷…

아니, 이건 백성 전체가 들고일어나 서로 싸우는 양상이잖소이까! 민주주의니, 사상의 자유니 하는 것들 때문에 결국 백성의 허파에 바람이 들어차 이런 일이 생기는 것이야!!

사절단은 프랑스를 떠나 벨기에, 네덜란드를 거쳐―

저런 혼세 프랑스는 결코 본받을 바가 아니다.

일본이 네덜란드 품을 떠나 더 큰 세상을 돌아다니는군요….

1873년 3월, 독일 입국.

베를린 동물원이 꽤 인상적이었습니다.

3월 15일,
비스마르크가 사절단을 위해
베푼 연회에서—

이제 이 험난한 국제 무대에
데뷔하는 일본 친구분들을 위해
작은 조언을 드리고 싶습니다.

이번에 일본이 국가 간의
평등을 믿고 조약 개정을
추진했지만,
어림도 없이 거절당했지요.

하지만 사실 애초에
국가 간의 평등 따위가
있을 리가 없잖습니까?!!
세상은 예나 지금이나 언제나
약육강식의 사바나입니다!!!

보소, 만국공법 보면
내 말이 맞다니까~

만국공법이라는것은 그저 그럴듯한 명분과 겉치레일 뿐.
그 조목이 자신에게 유리하면 이용할 뿐이고,

만국공법 보니까
너님이 그런 짓 하면
안 된다고 나와 있는데?

......

포탄 처맞으면 아프다고도
쓰여 있을거다, 아마.

뚝

만국공법의
조목이 자신에게 불리하면
아무 거리낌 없이 씹고
대포 찜질로 일을
해결코자 하는 것이
열강의 본성입니다.

......

독일도 힘없던 시절에는
열강의 게임판에서
많이 손해 보며 살아왔지요.

강대국
전용 버스 갑니다~

으어어어어;

실로 눈이 번쩍 뜨이는 가르침입니다!!!

재상 각하! 일본의 멘토가 되어주십시오!!

미국에서 농락당하고 영국에서 사기당하고 프랑스에서 실망했지만

독일에서 참스승을 찾았습니다!

그리 독일에서 영적 깨달음을 얻은 사절단은 이후 러시아를 들르고

빈 EXPO에 어서 오세요~!

오스트리아와 스위스를 찍고

따끈따끈한 신작 오페라
아이다 보고 가시죠.

이탈리아를 거쳐
수에즈 운하로 향하는
귀국길에 오른다.

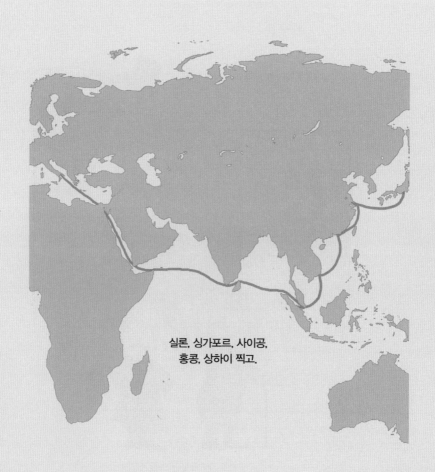

실론, 싱가포르, 사이공,
홍콩, 상하이 찍고.

1873년 9월, 요코하마로.

2년 반 동안
별일 없었으려니~

뭔가 연기가
뭉게뭉게 나는데;;

PS. Weltausstellung 1873

이와쿠라 사절단은 1873년 여름, 오스트리아에서 열린
빈 EXPO에 들러 일본관 관계자들을 격려한다.

일본의 미학을
세계에 널리 떨쳐주게.
자포니즘인지 쿨 재팬인지
뭔가 하는 그거.

신정부가 처음 참가하는 EXPO의 일본 대표단에는
25명의 전통 장인이 포함되어 있었다.

1,300평의 부지에 신사와 일본식 정원을 짓고
각종 공예품과 보물, 우키요에 등을 전시해
관람객들에게 호평을 받는다.

근데 닌자는
어딨남?

그리 성공적인 출전이었지만… EXPO 폐막 후,
귀국길에 수송선이 침몰해서 출품했던 보물들과
현지에서 구매한 최신 기기 다수가 수장된다.

신물들을 나라 밖으로
가지고 나가서 신들의
노여움을 산 것이야!!!

혹은 보험
가입을 계몽하기
위함일지도;

제 3 장

사이고의 집 지키기

정부 요인들로 구성된 이와쿠라 사절단이
나라를 떠나 있던 2년 9개월 동안,

사이고를 중심으로 한 유수 정부가
일본을 관리하게 됩니다.

당시 폐번치현 이후
확립된 일본 정부 체계는
태정관 제도 아래, 참의–내각 체제.

태정대신과 좌우대신은
실제 역할은 별로 없이
권위와 명예만 높은 직위죠.

정원, 좌원, 우원의
국정 회의도 있음.

太政官

태정대신
좌대신   우대신

실제로 국사를 주관하는 건 참의.
유신 거물들로 구성된 참의가
국가 최고 평의회 역할입니다.

参議

참의

서너 명이 나눠 맡은
총리라는 느낌이랄까요.

그리고 행정부의 부처들로 구성된
성료(내각)가 있는데,
참의가 각 성의 경(장관)을 겸하기도 합니다.

省寮

내각

대장성 (재경부)		신기성 (종교 업무)	
변무성 (국방부)		공부성 (공업부)	
외무성 (외무부)		사법성 (법무부)	
문부성 (교육부)		궁내성 (황실 업무)	

(세부 내용은 계속 바뀜.)

So, 유수 정부는 사이고가 수석 참의로
국정을 이끄는 삿초토히 과두 체제라 할 수 있는데–

태정대신
산조 사네토미

참의
사이고 다카모리
(사쓰마)

대장대보
이노우에 가오루
(조슈)

참의
이타가키 다이스케
(도사)

문부경
에토 신페이
(사가)

참의
오쿠마 시게노부
(사가)

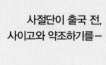
사절단이 출국 전,
사이고와 약조하기를—

· · · · · ·

우선- 사법 개혁!

1872년 사법성 설립으로 사법 제도 근대화 추진.

법치가 곧 문명!
서양 근대
사법 제도로 간다!

사법경 에토 신페이

독립적 사법부 건립 추진!
형법, 민법 체계 도입!
판사, 검사, 변호사 직제 도입!

이 초기 사법 체계는
기특하게도
프랑스 사법 제도를
참고한 것이었지요.

But, 독일 유학파들이 돌아오면서
이후 일본은 독일의 법 체계를
크게 모범 삼게 되지요!

Recht!

아아, 어둠의 길을
택하다니;;

교육 분야에서는 1872년 9월, **학제 공표!**

교육 제도 또한 프랑스식 교육 제도를 모방해 실시합니다.

문부경 오키 다카토

전국의 모든 6~11세 아동에게 기초 교육을 실시!

소학교

소학교 졸업생의 약 5~10% 정도는 중고등 교육기관으로 진학.

중학교, 고등학교 사범학교, 외국어학교, 각종 실업계 학교.

고등학교 졸업생의 5~10% 정도가 대학으로 진학.

전국에 7개 거점 국립 대학 설립 추진!

종교 분야에서도 국가가 주도하는−
종교 정책!

종교 정책이라니;;
종교에 딱히
손댈 부분이 있나요?

....

유신지사들이 다
유교 선비인데
당연히
숭유억불 가야지!!

나무아미타불!!!

억불

일본에서는 예로부터 신도와 불교가
은근슬쩍 융합된 신불습합의 종교적 전통이
이어져왔는데−

神佛習合

어차피 세상 모든
종교는 근본적으로는
다 하나가 아닐까요.

범신론적
크로스오버!

1868년, 신정부는 정권을 잡자마자
신불 분리령으로 신도와
불교의 영역을 강제 분리.

신사에서 불교 요소 추방!!
절에서 신도 요소 금지!!!
No more 스까!!

1871년에는
사찰 소유 토지 반환령!

쇼군과 다이묘들이 절에 하사한
토지들은 이제 다 뱉어내라!
근본 없는 승려들은 다 환속해라!!

사찰 건물은
남겨주지.

노부나가보다
더 지독한 놈들이
정권을 잡았어;;

이제 나라가 불교를
공식 쩌리로 선포하는 건가?

신정부의 불교 배척 정책을 지켜본 전국의 백성이
부화뇌동해 각지의 사찰을 습격하고
소동을 일으키니,
이것이 1860년대 후반~1870년대 중반에 걸친—

폐불훼석!
廃仏毀釈

수많은 고찰이
파괴되고, 거대한 불탑들이
땔감으로 팔려나간다!

이 무슨
문화대혁명?!

수십만 점의 보물이
약탈당하고, 파괴된 불상의
숫자는 집계조차 불가능.

막부 시절에
사찰들이 막번의 행정 업무
대행 센터 역할을 하면서
백성에게 갑질을 일삼아 원한을
쌓은 부분도 있었으니까요.

으어; 불교는 이리 찢겼지만 신도는 나라에서 국교로 선포해주고 둥기둥기해주니 좋겠군요;;

아아; 신도도 건물만 빼고 신사 토지 죄다 나라에 뺏긴 건 똑같다고요;;;

신도를 주관하는 정부 부처인 교부성(신기성)을 만든 다음, 신사들을 죄다 그 관리하에 두면서 통폐합하고 일해라 절해라 하니, 뭐 좋을 게 있겠습니까;

Meanwhile, **기독교 문제에서는—**

성모를 공경하십니까? 결혼하셨습니까? 사순절을 지키고 계십니까?

헉; 이들은 설마;;

1865년, 나가사키의 프랑스 성당을 방문한 우라카미 주민들이 신부에게 질문을 던지고.

이들은 쇄국 이래 250년간 사제 없이 가톨릭 신앙을 비밀리에 지켜온 가쿠레기리시탄이었다!

隠れキリシタン!

크흠!

할렐루야!

1865년 3월 17일, 신자 발견! 교황청이 기적이라며 흥분한 신자 발견 사건이었지만.

막부와 그 뒤를 이은 신정부는
여전히 기독교 금지 정책을 유지했는지라
수많은 신도가 계속 유배형에 처해졌다.

그나마 세상이 좋아져서
처형까지는 안 시키는겨.

이에 서양 열강의
항의가 계속되고.

신앙의 자유는
문명국가의
기본이라고요!!

미개하다!
미개해!!

어;; 음;;

불평등조약 개정 시
문명국으로 인정받는 게 중요한데,
신앙의 자유가 그중 꽤 높은 점수를
차지하는 것 같습니다.

So, 결국 1873년,
기독교 해금!

할렐루야!!

길었다! 250년!!

유배형에 처해진
신도도 모두
석방되었지만,

유배 기간, 662명이
사망했다고;;

저 모든 개혁보다
더 중요한
개혁이 있으니─

1873년, **지조 개정!**

전근대식 토지세를
서양식 근대 토지세로
개혁해야 합니다!!

대장경   무쓰 무네미쓰   시부사와 에이이치
이노우에 가오루

전국의 농지와 택지,
상공업지를 구분하고

전국 일률 과세 표준을 확립!

물론 쉽게 될 일은 아니고
5~10년 정도 기간을 예상합니다.

이게, 원래 막번 체제하에서는
농촌 마을마다 농민들이
무라 공동체를 이루고,
그 공동체 단위로 조세를 부담해왔는데─

마을마다 오랜 세월에 걸쳐
최적화된 각자의 전통
납세 방식이 있죠.

신정부는 지조 개정으로 전통적 납세 단위인 무라 공동체를 해체!

원시 사회주의 공동체 어쩌고 하는 미개한 짓거리는 이제 그만!

농촌 각 세대가 직접 나라의 최말단 행정 촉수인 호장에게 접하도록 하고.

전국의 모든 농민이 똑같은 방식으로 세금을 내도록 강제하는 것입죠.

물론, 저런 전국적 행정 조직을 대장성이 굴린다는 건 무리고, 내무성 설립이 필요합니다.

귀국하면 내무성 설립 ㄱㄱ!

근데 내 생각에는 이 군제 개혁이
제일 중요한 개혁이지 싶은데요.

1873년, **징병령 공표!**

전국 모든 성인 남성에게
3년의 병역 의무를 부과!

근위 도독·육군 중장
야마가타 아리토모

오, 34살에
육군의 Top이라니;

징병 첫해에는 시험적으로 전국에서
선발, 추첨을 거쳐 3,272명을 충원했지요.

시작은 미약하나
그 끝은 창대하리라.

끝?

하지만 이 징병령을 추진했던 야마가타는
1872년에 야마시로야 사건으로 실각.

야마가타의 옛 부하였던 어용상인 야마시로야가
거액의 육군 자금을 파리에서 생사 투기로 날림.

그리고 육군성으로
날 찾아와서 할복했어;;

그렇게 육군의 Top 자리가 비게 되자, 사이고는 스스로 육군 원수로 취임.

원, 제가 좀더 고생해야죠~

수근 수근~

이는 당연히 여러 사람의 의심을 야기.

저 양반이 결국 문무 권력을 다 독점하려고…

그 밖에, 1872년, 양력 도입!

아아, 음력 날짜를 양력으로 바꿔 표기하기 정말 귀찮았다아아~

1871년, 무역 전용 서양식 은화 주조.

24.26그램의 최초의 엔 은화입니다~!

언젠가 세계 기축통화가 될 테야!!

1872년, 도쿄-요코하마 간 철도 개통.

도쿄

요코하마

대철덕 시대 비긴스!!

협궤로 괜찮을까?

이렇게 거세게 휘몰아치는 유수 정부의
개혁 조치에 백성은—

지조 개정…
학제…
징병령…

전국적인
폭동으로 대응한다.

청년들을 다 군대로 끌고 가
3년이나 처박아놓겠다니
이 무슨 미친 소리여?!!

막부 시절보다
세금 올라서
죽을 지경인데,
뭐? 지조 개정?!

무라 공동체 해체
망동 분쇄하자!!

기독교 허용하는 거 보니
이 신정부 놈들은 서양 앞잡이
천주쟁이여!!

소학교는 애들을
학교로 끌고 가 천주쟁이로
세뇌하려는 음모다!!

그리고 뭐? 천민 해방?!
농민 해방이나 시켜줘라!!

천민 해방령이
맘에 들지 않는 농민들의
부라쿠민 마을 습격,
방화도 잇달아 일어난다.

부라쿠민 따위가 우리랑
맞먹으려 들지 마라!

아니, 우리도 딱히
해방시켜달라고 한 적
없거든요??!!;;

정부는 강경 진압으로 대응,
주모자들은 잡히는 족족 처형.

폭동 가담자
수만 명 사법 처리.

으어; 신정부 놈들은
농민 폭동 진압도
막번보다 무자비하구나;;;

이 개혁 정책 쓰나미에
정부 내에서도 반발이 있었으니.

아니, 뭔 돈으로 저걸
다 하겠다는 거여?!

대장성에서 정책 비용을 우려.

대규모로 징집한 군대를
뭔 돈으로
먹이고 입히려고;;

그리고 갑자기 학교를
만 개 넘게 짓겠다니;
뭐, 움막에서 수업할 생각인가;;;

경제 개발에
투자할 돈도
부족한 판인데;;

사이고는
개혁 정책 추진을 지지하는
그룹을 형성해
대장성의 반발을 억누르며
드라이브를 이어나간다.

허허, 대장성은 그냥
돈 필요할 때
재깍재깍 내놓으면
되는 부서지요~

이타가키 에토 신페이 고토 쇼지로
다이스케

큭; 챠샷초 인사들로
일파를 이룬 건가;

그리고 이제 진짜로 돈 많이 나갈
해외 군사 원정들이 기다리고 있으니
돈 좀 준비해놓으세요.

What?!

그게 일단
대만에서 말이죠−

1871년 12월, 류큐 미야코섬 사람들이 배를 타고 가다가 대만에 표착.

그곳의 파이완족에게 이들 류큐인 54명이 참수당하는 미야코섬 사건 발생.

파이완 넘버원!

이에 일본은 청나라에 항의.

청나라는 우리 국민이 살해당한 사건에 보상하라!

아니, 일단 류큐인들이 어째서 너네 국민?

암튼 파이완족은 너네 국민 아닌가?

이부상서 모창희

외무경 소에지마 다네오미

대만은 우리 땅이지만 파이완족은 우리 통치가 미치지 않는 화외 종족임;;

이리 얘기가 오갔으니,
미야코섬 사건을 명분 삼아
대만에 군대를 보낸다면
류큐에 대한 일본의
완전한 종주권 확인뿐 아니라

류큐

미야코섬

대만

향후,
대만을 도모할
첫걸음으로
삼을 수 있을 것입니다!

그리고
조선 문제!

지난번에 우리 측에서
조선에 국서를 보냈지만
조선 놈들이 접수해주지 않고
쌩깐 지 벌써 4년째지요.

귀국한 외무성 관리들이 전한 조선의 무례한 태도를 전해 듣고
국내 여론은 조선 정벌론으로 계속 들썩이고 있습니다.

중국 따까리 놈들이
우리 천황의 皇 자는
인정을 못 하겠다니!!

이런 무례를
어찌 참을 것인가!

조선은 정병 천 명이면
충분히 후려낼 수 있다!

그리고 근간, 조선의 동래부사가
게시한 글이 이 무력 응징 여론에
기름을 붓는 결정적 한 방이
될 것으로 보입니다.

1873년 5월.

일본은
무법지국이야.

동래부사
정현덕

제 4 장

메이지 6년 정변

1869년 이래 부산 왜관에서 계속
국서 수납을 요구하던 일본인들.

결국 1872년 5월, 난출을 금하는 약조를 어기고
50여 명의 일본인이 왜관 밖으로 무단 출경.

동래부 관아로 몰려와서–

동래부사 나으리를
뵙게 해주시오!! 직접 뵙고
국서를 전하겠소!!

원래 규약대로라면 왜인들의 왜관 밖
난출 시점에서 모두 사살했어야 하지만;;

그런 식으로
사변을 부를 수는 없고;
그냥 면담 거절하고
돌려보냈지요;;

무, 무슨 짓을 벌이려고;;

1872년 9월에는
외무대승 하나부사 요시모토가
군함 2척과 병력을 이끌고 입항.

아아, 놀라지 마세요.
왜관을 쓰시마 관할에서
일본국 외무성 관할로 전환하기
위한 접수 병력일 뿐입니다.

이로써 왜관은 일본의
첫 근대적 조차지가
된 셈이군요. ㅎ

왜관은 쓰시마에만
특별 허가한 지역인데;;

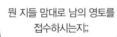

뭔 지들 맘대로 남의 영토를
접수하시는지;;

이제부터
이곳은 왜관이 아니라
대일본국 공관이라고
불러주세요~

원칙대로라면 왜관에 들어온
일본 병력을 격퇴했어야 하지만.

서울 앞 강화도 지키는 것만 해도
빡세 죽겠는데;; 부산까지
신경 쓸 여유 없다….
그냥 대충 쌩까도록.

하지만 이에 대해 아무
항의도 않을 수는 없지.

1873년 봄,
동래부사 정현덕은 왜관 앞 게시판에
일본 측을 비난하는 게시물을 올린다.

대충―
'200년 약조 다 뭉개고
멋대로 구는 데 대한 비난.
허가받지 않은 일본인들이
왜관에 들어와 활동하는 건
약조상 밀수꾼이니 모가지를
조심하라는 경고.
요즘 너네 하는 거 보니
일본은 무법지국이네요'
―라는 내용.

여기서 일본인들이
버튼을 눌린 대목은―

"일본은 무법지국이야"
"일본은 무법지국이야"
"일본은 무법지국이야"
"일본은 무법지국이야"
"일본은 무법지국이야"

옛날에는
안 그랬는데
지금 일본은
무법지국이네~

―라는 말인즉슨―
지금 일본 신정부는
법도 뭐도 없다.
= 신정부는 합법 정부가 아니다.

그렇게
심한 말을!!

여전히 일본 국내에 득시글거리는
반정부 세력들에게 이는 좋은 땔감이 될 것이고,

앞으로 이 태그로 도배하자고,
#신정부는_무법지국.

계속 폭동을 일으키는 농민들에게도
신정부가 비웃음을 사게 될 것이다.

조선한테도
무법지국 소리 들으면서
뭔 법을 세우려 드냐!

저런 폭언을 듣고
어찌 응징하지 않을 수 있는가!
국가 존엄을 위해 출병!!! 정한이다!! 정한!!

정한!! 정한!!

征韓

외무경
소에지마 다네오미

외무성발 정한론 플로우가 슅 일본을 휩쓴다.

동래부사가 일본을 무법지국이라 부르며
일본인들 목을 베겠다고 협박하는데,
어찌 이를 두고보겠소이까?!
당장 병력을 보내 국민의
안전을 지킵시다!!

이에 1873년 6월,
각의에서 이타가키가
조선 출병을 주장.

옳소!!

하지만 이에 대해
사이고가 살짝 제동을 걸고.

원, 그리 섣불리
병력을 보내 전쟁으로
치닫는 것은 하책이지요.

일단 이 몸이 조선에 사절로
가서 담판을 지어보겠소이다.
이리 고위급이 간다면 조선에서도
교섭에 응하겠지요.

아니, 그래도 무력으로
응징의 뜻을 보여야-

전쟁을 한다고 해도 말 한마디에
그리 발끈 러쉬하는 모양새보다는
사신의 당당한 꾸짖음을 앞세운
이후에 쳐들어가는 모양새가
보기 좋지 않겠소이까.

조선에서 협박한 대로
내 목을 베든지,

조선이 우리 국체를 모독한 데 대해
항의의 뜻으로 내가 할복하든지 하면,
그 이후에 군사를 일으킴에
대의명분이 있을 것이오.

So, 제가 조선에
전권대사로 갈 테니까
임명장 도장 찍어주시지요.

가면 너님 죽는다며?
그럼 안 되지요.

그건 그냥
이타가키 구슬리려고
아무 말이나 해본 겁니다;
제대로 교섭하고 올게요.

…이리 중대한 일은 사절단
귀국 후에 논의합시다.
곧 귀국한다고 하니.

…일단 그렇게
시간을 끌도록
합시다….

사실 사절단 일행 중 오쿠보는
5월에 조기 귀국해 온천에서 요양 中.

사이고 저 인간이
계속 크게 움직이는 게
걱정되어서 조기 귀국했지요.

일단은
온천에서 요양하며
지켜보고 있지만.

사절단 순방 중,
국내에서 큰일 안 벌이기로
사이고가 굳게 약속했지만, 그게 다
헌신짝이 되어버렸더군요.

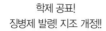
학제 공표!
징병제 발령! 지조 개정!!

뭔 大정책들을 막 추진하는데,
그래, 그것들은 폐번치현의
후속 조치랄 수 있다 칩시다.

정한론 논의!!
조선에 특사 파견!!

아니!! 이런 국가 대사에서
그리 급발진하지 말라고!!!

더구나 육군을 맡고 있던
야마가타가 스캔들로 실각하고

사이고 스스로 육군 원수
(이후 대장으로 조정)가 된 건
누가 봐도 수상하잖아?

그리고 사이고 일파와 대립하던 대장성의 이노우에
가오루도 비리 혐의로 실각시켜부렀어.

사법경 에토 신페이의
수사 지휘.

판사, 검사, 경찰이 모두 속해 있는
무시무시한 사법성;;
그걸 저쪽 파벌이 쥐고 있다니;;

1873년 5월,
오사리자와
구리 광산 불하 스캔들.

아니, 근데 이노우에가
그 구리 광산을 꿀꺽
하려던 건 사실이잖아?

나중에 결국 꿀꺽했고.

삿초(사쓰마, 조슈) 메이저 세력이 출국한 동안
토히(도사, 히젠) 마이너 세력을 자기 편으로 끌어들여
참의로 앉히고, 권당을 형성하고,

각의를 장악해 정치 권력을 손에 넣고,
육군 대장 근위도독이 되어 육군을 손에 넣고,
에토 신페이와 손잡고 사법 권력을 손에 넣고.
누가 봐도 그 야심을 의심치 않을 수 없지.

…개혁 추진 과정에서 효율적으로
일하려다 보니 이런저런 오해를
살 수도 있겠다 싶구먼.

육군은 야마가타를 복귀시켜 육군경에 앉혔고,
사법성은 에토 신페이가 정치에서 완전히 독립적인
사법부를 조직 中이니 어찌 수단 삼을 수 있겠나.

그리고 갑자기 뭔 조선 이슈를
뿜뿜질하고 있나!

전쟁 영웅을 꿈꾸든,
협상으로 조선을 굴복시킨
국제적 大정치가를 꿈꾸든,

자신이 이 유신 드라마의
주인공으로서 화려한
클라이막스를 맞이하겠다는
유치한 야망이 아닌가!!

…거창한 얘기를 떠나서,
실직 사족들, 폭도화 된 농민들,
그 수많은 불만 세력의 관심을
일시적으로라도
밖으로 돌릴 필요가 있다고.

그런 관심을 잘 컨트롤하며
전쟁이든 교섭이든
무대에 올리고
스텝 꼬이지 않게
춤출 수 있는 사람은
나뿐인 것 같은데.

저 천하 영웅담 주인공 놀음에
더는 장단 못 맞춰주겠다!!

뭔 대가를 치르더라도
이 나라를 개인 플레이가 아닌
조직으로 굴러가게 해야 해!

원, 사이고와 오쿠보 사이는
나님이 중재하고
소통 라인을 만들어야 했는데,
일찍 죽어서 미안합니다.

사쓰마 가로였던 고마쓰 다테와키가
1870년에 사망해버려서 사쓰마 유신지사 그룹 내
조정력이 크게 줄어든 것도 갈등의 배경 중 하나.

1873년 9월, 이와쿠라 귀국.

서양의 국력은 실로
안드로메다 너머.
이를 따라잡기 위해서는
일단 민력 증진에
진력해야 합니다.

이와쿠라는 귀국 후, 조선 문제보다는
경제 개발에 집중할 것을 천명.

(기도는 여독으로 몸져눕고)

(유신지사들은 천황을 玉으로 불렀다.)

사절단 인원이 복귀한 10월 15일, 각의에서
사이고 일파의 수적 우세로,
전권대사 사이고의 조선 파견 결정.

이와쿠라와 오쿠보, 기도는 이에 반발의
의미로 태정대신 산조에게 사직서 제출.

이리되자, 산조는 정권의 균열–붕괴를
막기 위해 양측을 오가며 중재에 진력.

그러다가
10월 18일,

훌끄억!!!

태정대신 산조 사네토미,
심근경색(?)으로 쓰러지다.

…딱히 이상 증세나 징후는
보이지 않습니다만.

양의는 못 믿겠다!
한의사 불러다오!

…태정대신께서 쓰러지시는 등
여러모로 시국이 어수선하니
對조선 특사 파견 연기를
논의해봅시다.

이에 10월 20일,
우대신 이와쿠라가
태정대신 대리로 임명된다.

이 뭔 겐세이옵니까?!!

제4장_메이지 6년 정변

10월 22일, 사이고는
이와쿠라를 방문해 항의.

참의들이
합의한 결정을 뒤집을
권한은 없으십니다!!!

왜 그리 조선 문제에만
집착하시는지요?
사할린에서도 러시아와
국경 분쟁 중인데.

아, 그럼 제가 조선 다녀와서
상트페테르부르크에도
가도록 하죠!!

워, 워
테킷이지~

아, 진짜!!!
빨리 특사 파견 결정을
폐하께 상주하고
도장 찍어달라고요!!!!

그것이
태정대신 대리의
임무라고요!!!

…뭐,
그리하리다.

다음 날인 10월 23일,
이와쿠라, 천황에게
對조선 특사 파견안을 상주.

수근수근 하고요,
쑥덕쑥덕 하옵니다.
폐하~

이와쿠라가 천황을 기만,
특사 파견 결정을 뒤집을 경우를
대비해 정한파 인원들은
모두 사직서를 제출한다.

만약 결정을 뒤집을 경우에는
이 정권의 두 기둥 중 하나가
무너질 거라는 경고죠.

다음 날인 10월 24일,
무쓰히토 천황 칙답 발표.

선황의 뜻을 이어받아
나라의 힘을 하나로 모으고
어쩌고저쩌고—

…이에 태정대신 대리
이와쿠라의 안을 승인하노니
對조선 특사 파견은 ㄴㄴ해.
경들은 뜻을 모아
민력 증진에 힘쓰도록 하라.

크앗!!!…

이와쿠라!!
이 인간이
기어코!!!!!

이와 함께,
제출된 사직서 중
사절단 인원의
사직서는 반려되어
이와쿠라와 기도,
오쿠보는 유임.

휴ㅠ

정권에 이 정도 균열이 가는 건
감수하겠다는 건가….

정한파 인원의 사직서는 수리되어
사이고, 이타가키, 에토, 고토, 소에지마는
실각하고 고향으로 돌아간다.

역시 옥을 잡는 쪽이
이기는 게임이지요.

이 메이지 6년(1873년)의 정변은
결국 사쓰마와 조슈의 이너서클이 돌아와서,

사이고를 필두로 정한론을 앞세운
도사와 사가 세력을 축출한 정변이죠.

결국 앞으로 삿쵸가
다 해 먹겠다 그거지.

권위와 정치력으로 리드하는
유신지사의 시대는 가고,
앞으로는 관료들의 시대다.

또한 유신의 진행에서
대장성을 중심으로 하는 경제 개발과
테크노크라트 육성 세력이
키를 잡는다는 것.

하지만 정한론을 분쇄하고
정권의 절반을 붕괴시킴으로써
그쪽 진영을 모조리
반정부 불만 세력화했으니.

간신 모리배 놈들이
충신들을 몰아내고
주상을 농락하는구나!!

불만 사족 따위는
눈에도 안 들어온다
그거지?!

그래,
이리될 걸 다 감수하고
그따위 정변을 진행했으니,
대가를 치르셔야겠지?!

몰락 사족 찌꺼기들이
진짜 국가의 매운 맛을
좀 경험해보셔야겠구먼.

오, 오, 왜놈들이
지들끼리 또 싸울
모양인갑네.

근데 왜 싸우는 거라고?

굽씨의 오만잡상

흔히 말해지는 바에 따르면, 조선으로의 사절 파견을 자처하던 당시의 사이고는 가볍지 않은 병환들을 달고 있었다고 합니다. 사이고는 평소 돼지고기를 비롯한 기름진 음식을 즐겼고(그나마 술은 즐기지 않았지만), 다리 부상을 핑계로 운동을 게을리한 탓에 몸무게가 116킬로그램에 달했으며, 콜레스테롤 수치 또한 계속 높아졌다고 합니다. 그리하여 결국 독일인 의사 호프만은 사이고에게 고지혈증 진단을 내리고 설사약을 처방합니다. 살 빼라고 설사약을 처방하는 건 오늘날 관점에서 볼 때는 좀 막되 보이지만 그 시절에는 나름 직관적이고 이해될 법한 처방이었겠지요. 물론 설사약뿐 아니라 운동을 열심히 하라는 상식적인 처방도 내려서 사이고가 애견들을 데리고 사냥, 산책을 즐기는 그림을 만들게 됩니다. 또한 고지혈증뿐 아니라, 사상충 감염에 의한 상피병으로 림프선이 비대해져 고통받고 있었다고 합니다. 아마도 남쪽 섬에 유배된 시절에 감염된 것으로 보이는데, 이로 인한 음낭수류陰囊水瘤로 고환이 크게 부풀어 말을 탈 수 없었다고 합니다.

이렇게 병으로 고통받고 있었으니, 그가 삶을 빨리 끝내고 싶어 했으리라는 주변 사람들의 추측도 수긍이 갑니다. 그런 맥락에서 사이고가 조선에 죽으러 가기 위해 사절을 자처했다는 이야기는 꽤 그럴듯하게 들리기도 합니다. 하지만 따져보면 말입니다, 왜관의 난출 왜인도 터치하지 못한 조선이 일본 최고위급 사절의 목을 날릴 거라는 건 아무리 생각해도 말이 안 되지요. 조선까지 와서 할복을 강행한다 쳐도, 그건 당대인에게조차 뜬금없는 '굳이?'로 받아들여졌을 것입니다.

So, 조선에 죽으러 가겠다는 사이고의 큰소리는 결국 정한론 정국에서의 주도권 장악을 위한 전략적 드립이었으리라 여겨집니다. 오쿠보는 그런 사이고의 뻔한 큰소리에 짜증 낼 자격이 충분할 만큼 오래 사귄 친구였고 말이죠.

제 5 장

Saga
Wakanda

정한론 어쩌고 하는 헛소동을 끝내고
1873년 11월 10일,
드디어 내무성이 발족합니다!

초대 내무경 오쿠보 도시미치

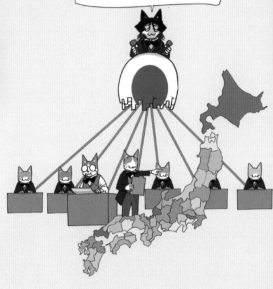

국가 중앙 행정과 더불어
일본의 모든 현, 구, 정, 촌에 이르는
지방 행정을
총괄하는 통치 기구죠!

초대 경시총감
가와지 도시요시

유럽을 둘러보고
프랑스 경찰 제도를
본따 만들었습니다!

동시에 내무성 산하에
경시청도 설립!

무진전쟁으로 사족 지위를 잃은
아이즈 번사 등, 옛 좌막파 사람들이
먹고살기 위해 경찰로 많이 취직했죠.

사이토 하지메도
경찰로 취직

이로써 내무성은 전 국토의 행정과 치안·공안 물리력을 장악하고 식산흥업과 국가 인프라 건설을 지휘하는 막강한 권력을 갖게 된다.

치안·공안 총괄

중앙·지방 행정

항만·철도 인프라

식산흥업 총괄

인력 관리 총괄

종교·제례

So, 이 시기의 내무경은 사실상의 총리 역할을 했고, 저 막강한 권력 집중을 두고 사람들은 '오쿠보 독재'라고 수근거렸지요.

저러면서 나보고 독재 야심 운운하다니;;

물론 이 체제를 향한 각계의 불만은 여전하고.

사족들을 이리 쩌리 만들어놓고!

그나마 사족들이 역할을 다하고자 한 조선 정벌도 짬시키다니!!

저 간신배들이 자기들 권력을 위해 충신들을 몰아내고 정한론을 묵살한 것이야!!

실각한 정한파 세력의 분노까지 더해졌으니.

1874년 1월 14일, 이와쿠라 도모미의 퇴근길에—

저 요물의 간계로 정한파가 실각했지….

도사 번사
다케치 구마키치 등
9명의 일당이
이와쿠라 암살에 나선다.

이와쿠라는
궁성 해자로 몸을 날려
가벼운 상처만 입고
목숨을 건진다.

이에 경시청은
최신 수사 기법을 동원해
수사에 착수.

사흘 만에
범인 9명을
모두 검거.

와, 과학수사
쩌네;;

발 냄새로
찾았나?

반년 후
모두 처형.

으휴; 저런 무식한 칼질로는
아무것도 해결할 수 없거늘.

실각한 정한파 거두들   에토 신페이   이타가키 다이스케

○○, 이제 우리가 저 삿초
이너서클 권력과 맞서기 위해
동원해야 할 힘은—

바로 **민의**올시다!!

조선에 이리 모욕을 당했는데!
간신배들은 권력을 위해 충신들을
몰아내고 정한론을 취소하다니.

사족, 백성의 민의는
정한파를 지지하고 있으니!

실각한 정한파 인사들이야말로 사족과
백성의 뜻을 대변하는 충신이지!

이 민의가 실제 권력으로
작동하게 하는 것이
바로 서구식 민선 의회제!!

의회제야말로 정한파가 민심을 바탕으로
삿초 번벌에 맞설 수 있는 유일한 길이올시다!!

모든 걸 서양식으로 바꾸는 메이지유신!!
정치도 당연히 서양식으로 삼권분립 해야 않겠나?!
입법부-의회 만들고! 사법부도 독립시키고!!

의회개설

행정부

컥;;

1874년 1월, 실각 정한파들은
의회제 도입을 위한 정당-
애국공당을 창당.

의회가 있어야 양놈들에게
문명국으로 인정받는다!

고토 쇼지로 이타가기 다이스케   에토 신페이 소에지마 다네오미

그리고 1월 17일, 이들은 정부에
〈민선의원 설립 건백서〉를 제출.

국민이 투표로 뽑는
의회 만듭시다!

. . . . .

후루사와 시게루가 쓴 이 건백서는
현 체제를 유력 인사들이
관료 체제를 도구 삼아 좌우하는
독재 정권이라 비판하며(유사전제),
진정한 일군만민 군민일체를 위해서는
만백성이 참여하는 정치 체제로서
의회 제도를 도입해야 함을 역설.

(유사전제는
소수 유력 인사의
전제정치를 뜻한다.)

자유민권운동
Begins다!

후루사와 시게루(26세)
훗날의 《자유신문》 주필

신문을 통해 널리 알려진
이 의회제 도입 주장은 대중의 큰 호응을 얻는다.

역시 충신들은 실각해도
훌륭한 주장만 하는구먼!

새 세상이 왔으니
백성도 정치에 참여해야지!

음, 서양식으로 의회 제도를 도입하긴 해야겠죠…?

민선 의회라니!!! 10년은 이르지요!!!

오쿠보는 단칼에 거부.

민의 어쩌고 좋아하시네!! 정한파의 정치적 반격을 위한 술수일 뿐이잖소!!

이 무렵, 서구화 계몽운동을 주도하던 어용 지식인 단체인 메이로쿠샤는—

상투 자르고 서양식 헤어스타일을 따릅시다~!

서양식 목축업을 도입합시다~!

서양말 열심히 배웁시다~!

후쿠자와 유키치

…의회제 도입만큼은 반대한다.

어이쿠; 의회 제도는 아직 일본의 민도가 낮아서 시기상조 같습니다;;

서양의 의회 제도 도입해야죠?

말 참 재수 없게 하시네요.

의회제 도입도 여의치 않자
에토 신페이는 고향인 사가로 내려가고자 한다.

동향 사가 번 인사들이 만류하지만.

정부에서 前 각료들
귀향하지 말라는데;;

정한파 소에지마 反정한파 오쿠마 오키

정파는 다르지만, 사가의 형제로서
내려가지 마시길 부탁드립니다;
현지 분위기가 매우 불온하다는데;;

우리 고향 사가는 실로
일본을 이끄는 선도지가
되었어야 할 땅.

내 이번에 내려가 사가인들의
분노를 다독이고 미래를 위한
에너지로 바꿔, 다시금 사가의
선진화를 이끌어야겠소.

규슈의 서쪽 끝,
나가사키 바로 옆에 위치했던 사가 번.

佐賀藩

교토

조슈

사가

도사

나가사키

사쓰마

나가사키 옆에
붙어 있었던
덕분에 일찍부터 해외 문물에
눈뜬 지역이었다.

나가사키가 굴러가도록
각종 물자를 대는
배후지가 사가니까요.

그러면서 공식적, 비공식적으로 네덜란드
상인들과의 교역도 대대적으로 텄으니─

사가에서 도자기 좀
사 가보시죠~!
사 가요! 사 가!!

올크

사가 명물 아리타
도자기 수출이
크게 흥했다.

임진왜란 때 사가로 오게 된 이삼평 등의 조선 도공들이
고령토가 나는 아리타에 자리 잡고 구워낸 청화백자들이
사가의 최첨단 전략 수출 상품이 된 것.

일본 취업 비자
강제 등록당했지요.

물론 연봉은 여기가
훨씬 세지만.

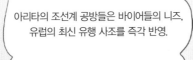

아리타의 조선계 공방들은 바이어들의 니즈,
유럽의 최신 유행 사조를 즉각 반영.

청화백자에 금색, 적색, 녹색을 더하고
다양한 디자인과 용도의 제품군으로
라인업을 풍부하게 가꿔나갔습니다.

그리하여 250년간
수백만 점의 아리타 도자기가
유럽으로 수출되었습니다.

유럽行 도자기의 포장지로 사용한
우키요에 쪼가리들로
일본 회화가 유럽에 알려지게 되었다는
이야기도.

다음 화를
내놓아라!!!

일본 개국 이후에는 다른
경쟁자들을 제치기 위해 상하이에
사가 번 출장 사무소를 차리고
도자기 수출 업무를 진행.

굳이 일본까지 안 가셔도
상하이에서 샘플 보시고 다
계약 가능하십니다~

아리타 도자기는
파리 EXPO와 빈 EXPO에도
출품되어 크게 호평받은
명품입니다!

그리 서양과의 교류에 활발했던 만큼
난학 연구도 활발해, 막 말, 서구 문물 도입에
가장 앞선 번이 사가 번이었습니다.

고객에 대한 연구야말로
장사의 기본이지요.

특히 막 말 사가 번의 번주였던
나베시마 나오마사는
강력한 부국강병론자였기에—

이 시대, 부국강병을 위해서는
서양 문물 도입이 필수다!!

사가 번주 **나베시마 나오마사**(1815년생)

1830년대 중반부터 시작된
나오마사의 개혁 정치

번의 악성 채무를
디폴트 선언으로
다 날려버리고!

쓸잘데기없는 공직을
80% 감축해
경비 대절감!

차, 도자기,
석탄 산업 부흥!

차를 담기 위한 도자기!
차를 끓이기 위한 석탄!

이것이 바로
연계사업인가!

1848년에는
종두법도 도입해
지역을 천연두의
공포에서 해방시킴.

으어; 양놈들이
사람을 소로 만들려는
음모다;;

서양의 기물을
연구, 제작하기 위해서
후쿠오카 출신 과학·기술자
다나카 히사시게를 영입.

세종대왕과
장영실 느낌?

제가 바로 일본의
에디슨입니다!!

다나카 히사시게(1799년생)

일찍이 글씨 쓰는 인형과
활 쏘는 인형을 제작하고,

만년 자명종을 선보여 전국적인
명성을 얻은 다나카 히사시게.

365일의 일출, 일몰, 달의 위상,
날짜, 요일, 오늘의 운세를 알려준다.

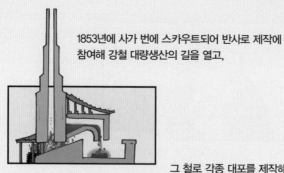

1853년에 사가 번에 스카우트되어 반사로 제작에
참여해 강철 대량생산의 길을 열고,

그 철로 각종 대포를 제작해
막부에 진상.

나중에 가서는 암스트롱포도
복제 생산했다고 한다.

증기기관도 제작해~

사가 번에 미니 산업혁명을
일으키리라!!

증기선도 만들고,

증기기관차 모형도 만들고.

페리가 선물한
증기기관차 모형을
거의 바로 복제해냈지요.

다나카가 말년에 도쿄에 세운 다나카 전신 설비 제작소는 훗날 도시바의 뿌리가 된다.

도시바 비웃지 마라. 너네 외장하드 다 도시바잖아.

저런 공학뿐 아니라 화학에도 관심을 기울이는 등, 사가 번은 일본에서 서양 과학·기술에 가장 본격적으로 접근했던 번이지요.

화약, 화약, 강한 화약~!

그런고로 그 군대의 장비도 최신식 서양 수입품으로 갖춤.

헐, 프로이센군 병사보다 장비가 더 좋은 듯요. ㅎ

—이런 외국인의 칭찬도 있었고.

사가병 50명이면 교토를 제압할 수 있다는 드립도 나왔지요.

이처럼 앞선 기술력과 군대를 갖춘 사가 번이었지만, 정작 막 말 유신의 메인 스토리에는 별로 출연 분량이 없다.

혁명이다!! 도막이다!!

국내 뉴스가 좀 시끄러운 모양이네….

이는 번주
나오마사가
판단하기로—

막부와
도막파의 싸움은 쉽게
결정 날 싸움이 아니다.

죽어라!!

나 혼자는
못 죽지!!

그 결과를
쉽게 예측할 수도 없으니,
섣불리 판단하고
말려들었다가는
낭패를 보기 십상이다.

세키가하라 때처럼 신중하게~

고로 우리 사가 번은 어느 편도 들지 않은 채
철저히 중앙 정치에 신경 끄고 문을 걸어 잠근다!

다른 번 번사의 사가 번 출입 금지!
다른 지역 놈들과의 친목, 교류 금지!
국내 쇄국이다!

앞선 과학·기술력을 가졌지만
누구와도 교류하지 않으며
쇄국하는 작은 번이라…

무슨 막 말
와칸다인가;;

빨리 도막 버스
탑승해야 우리 몫을
챙길 수 있습니다요!!

So, 사가 번에서는 도막 측과의 라인으로 삼은
에토 신페이, 오쿠마 시게노부 정도를 빼면
전국구 유신지사가 많이 배출되지 못한다.

젊은 놈들은
너무 성급하구먼.
좀더 지켜보자고….

막부와 삿초 잡놈들이 머가리 터뜨리며 싸우는 거 느긋하게 구경하다가 양측 다 나자빠질 때 쯤에 나서는 편이 우리 몸값에-

허키으야읽앓?!

그런데 나오마사의 예상보다 막부가 훨씬 더 신속하게 발렸다.

막부가 저렇게 凸밥이었을 줄은 미처 몰랐지!!!

아이고~ 형님들 고생 많으십니다;; 진작 합류하려고 했는데, 갑자기 뭔 태풍이 불어닥쳐서리;;

이에 사가 번은 도바·후시미 전투 한 달 후, 막부의 망조가 짙어졌을 무렵에야 신정부 측에 합류.

하… 이제라도 왔으니 대포랑 탄약 셔틀이나 제대로 해라.

이 맛에 혁명하는 거죠!

1871년에 번주 나오마사가 사망하면서 그나마의 정치력도 더욱 쪼그라들고,

그리하여 무진전쟁이 끝나고 주요 4번이 권력과 부를 나눠 가질 때, 사가 번은 말석에서 찌끄러기나 받아야 했던 것.

......

하; 살면서 때로는 너무 계산하지 말고 과감히 질러야 할 때도 있는 법이로다….

그러다가 1873년에 사이고, 도사 번과 손잡고 정한론을 앞세워 정치 주도권을 한 방에 장악하려고 시도하기도.

나라의 명예를 위해 군사를 일으키자는데 이걸 짓밟지는 않겠지?

그러한 시도는 1873년 10월, 메이지 6년의 정변으로 단방에 진압되었지만.

음; 역시 안 되는구나;

응, 꺼져. 호전광 섀퀴들아.

그리 불을 때기 위해 사용했던
감정의 재료들은
그대로 사가 번에서 불타오르며
불온한 형세를 만들고 있다.

권력에 눈먼 비겁한
간신배들이 사가의 충신들을
이리 능멸한다면!!

우리 사가 번사들이 직접 나서서
간신배들을 쓸어버리고
조선을 정벌하리라!!!

이런 형국이니 일단
내가 사가로 내려가서
분위기 좀 다독이고
건설적인 방향으로 물꼬를
터야 하지 않겠습니까?

에토는
사가로 내려가고.

정부는
그 동향을
주시하고 있다.

○○…
반란 근거지에
반란 수괴
입갤이요.

굽씨의 오만잡상

사가 번의 근대화를 이끈 번주 나베시마 나오마사는 막 말기에 너무 좌고우면했다는 평가를 받고 있지만, 그 뱃속에 품은 뜻은 막 말 어느 번주보다도 크다 할 만한 것이었습니다. 유신 후, 나오마사는 잠시 홋카이도 개척장관직을 맡게 되고, 가신이었던 시마 요시타케가 개척판관으로 삿포로 건설의 주춧돌을 놓습니다. 일본 영토의 협소함과 인구 과밀에 대해 시대를 앞서 고민하던 나오마사는 일단 홋카이도의 빈 땅을 개척하기 위해 사가의 백성을 홋카이도로 이주시키는 데 앞장섰습니다. 여기서 더 나아가 만주 개척(침략)을 논하고, 더욱더 나아가서는 오스트레일리아 개척(?)의 뜻까지 드러냈다고 합니다.

20세기 초에 사가인들이 세운 나오마사의 동상은 태평양 전쟁 때 다른 동상들처럼 공출되었고, 동상을 녹여서 나온 구리로는 아마 탄피 같은 걸 만들었겠지요. 그 탄피들이 만주나 오스트레일리아에 흩뿌려졌을 가능성이 있으니 사가 번주의 웅대한 야망을 기리기 적당한 퍼포먼스였겠다 싶습니다.

제 6 장

사가의 난

메이지 6년의 정변으로
수천 명의 공무원과 군인이
정한파를 좇아 사직했고,

이깟 자리, 쿨하게
던져버려야 남자지.

몇몇 부대에서 정한파 군인들이
소요 사태를 일으키기도 한다.

정한 안 하면,
쓰지도 않을
군대는 왜 있는 거냐?!

실로 일본 각지에서 수많은
불만의 종기가 뿌룩뿌룩
솟아나고 있는 형국.

그깟 종기들!
정부의 위엄 넘치는 바늘로
바로바로 찔러
터뜨려주마!!!

일단 첫 빠따는 사가인가…

사가에 보낸 밀정들의 보고에 따르면 그곳의 반정부 세력은 크게 두 흐름이 있습니다.

일단 **정한당.**

정한파 다시 집권!!

조선 정벌!!

정부 내 사가의 정당한 지분 확보!!!!

숫자는 약 1,500명 정도.

그 근본이 유신 꾄들이었기 때문에 에토 신페이를 정신적 지주로 여기고 있습니다.

그리고 **우국당.**

사무라이 포에버!!

옛날 잘나가던 사가 번 시대가 좋았지!!!!

유신이 등신이다! 다시 번 체제로!

이들은 사가의 보수파 사족들로, 폐번치현으로 실직한 무리이기 때문에 옛 번 체제로의 복귀를 바라고 있습니다.

숫자는 3,500명 정도.

이들은 옛 사가 번의 군사령관이었던
시마 요시타케를 정신적 지도자로
떠받들고 있습니다.

시마 요시타케는 번주 나오마사가
홋카이도 개척 총독을 맡았을 때 그 밑에서 실무를 담당,
삿포로 도시 건설의 초석을 닦은 인물이죠.

5대륙 제일의
신도시를 만들자!

이들 정한당과
우국당은 수시로
칼부림이 나는
적대 관계입죠.

시대착오
수구 틀딱!

번을 말아먹은
꼴통 찐놈들!!

현재 에토 신페이와 시마 요시타케는 둘 다 사가의 정한당과 우국당을 진정시키기 위해 사가로 향하는 중입니다.

속이 시꺼먼 인간들이 진정은 무슨!

이와무라 세이이치로를 신임 사가 현령으로 임명! 가서 불온한 움직임들을 무력으로 제압하도록!

예압!

※8권 11장에서 나가오카 번과의 협상을 파투 낸 인간.

신임 사가 현령 이와무라는 시마 요시타케와 세토내해 뱃길에서 같은 배를 타게 되고.

원, 요즘 사가의 분위기가 뒤숭숭한데 신임 현령께서는 이를 어찌 다스리실지요?

시마(52세)   이와무라(29세)

뭐, 불만분자 선동꾼 몇 놈
시범 케이스로 목 날려서
길에 걸어두면 사가 사족들도
얌전해지겠지요! ㅋㅋ

이를 위해 중간에 병력 합류해서
거느리고 가야 하는지라
먼저 내립니다~
사가에서 봅시다~

·····

저딴 인간을 현령으로 보내는 걸 보니
정부는 확실히 사가를 무력으로
쓸어버릴 생각 만땅인갑다!!

애들 준비시켜!

열 받은 시마는 봉기 쪽으로
마음을 굳히게 되고.

1874년 2월 1일, 우국당 인원들이
정부 공금 위탁 금고인 오노구미를 턴다.

거사에는
자금이 필요하지.

은행강도다!!!

이에 기다렸다는 듯이-

폭도들의 준동으로
무법천지가 된 사가의 질서를
무력으로 회복하도록 한다!!

2월 5일 정부는
사가로 병력 파병을 결정.

가장 가까운
구마모토 진대부터
사가 현령 휘하로
병력을 보내도록!

당시 일본 육군 체제는-
1871년부터 어친병 체제에서
진대 체제로의 전환이 진행된 끝에
1874년 전국 6진대 체제를 갖추었다.

센다이 진대

히로시마 진대

나고야 진대

도쿄 진대

오사카 진대

구마모토 진대

각 진대는 병력 5~6천을 징집병으로
채우는 걸 목표로 했지만,
병력 수나, 징집병 비율 면에서
아직은 목표의 절반 정도에 불과했다.

그러한 정책 목표 달성
방법론을 두고 육군 내에서는
야마가타파와 야마다파 간에
파벌 다툼이 있었고.

전국 대규모 징집으로
징병제 육군을 완성해야!

대규모 징집은 시기상조!
지금은 일단 민력 증진,
교육 계몽이 우선!

육군경 육군 중장
야마가타 아리토모(독빠)

도쿄 진대 사령관 육군 소장
야마다 아키요시(불빠)

야마가타 놈은
사이고가 던져준 병부경
자리를 냅다 받고 정한론에도
마음속으로 동조하는 낌새가
있었기에 신뢰할 수가 없어.

결국 일단은 야마가타와 야마다가
둘 다 육군 정책 결정에서 물러나는 걸로
결착이 나긴 했지만—

장기적으로는 결국
오쿠보가 밀어주는
야마가타가 육군을
지배하게 되는 것.

야마다는 아예 사법 분야로 전직.

에토 신페이가 날아갔으니
이제 일본 사법 건설의
대업은 내가 맡는 수밖에…

아무튼 육군 사정은
그렇다는 거고,

2월 11일, 사가에 내려온 에토는
시마와 회견을 갖고.

정부의 폭압에 맞서
사가인들이 힘을 합쳐
들고일어나야 하오.

음; 결국 무력에 호소할
수밖에 없는 부분이군요.

116

2월 15일,
사가 현령 이와무라가 구마모토 진대
병력 330명과 함께 사가성 입성.

지휘관
야마카와 히로시 소좌

후쿠오카

가라쓰

도스

간자키

사가성

이에 사가 반군 측에서는
이와무라에게 사절을 보내
마지막 협상을 시도하지만.

현령께서 데려온 군대는
사가 인사들 목을 베고
무력으로 굴복시키기
위한 병력인지요?

네놈들이 알 필요 없어!
닥치고 빨리 공순의 예나
올리도록!!

결국 사가 반군 측은 무력 봉기行.

이러면 어쩔 수 없지.
공격이다!!!

4천이 넘은 사가 반군의 공격에 사가성의 정부군은 버티지 못하고.

2월 18일, 사가성 낙성.

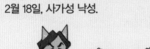

정부군은 137명의 전사자를
내고 패주한다.

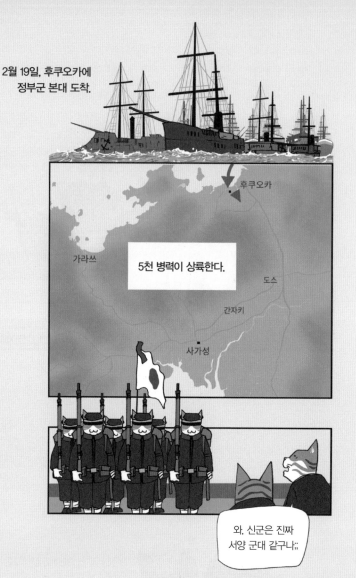

2월 19일, 후쿠오카에
정부군 본대 도착.

후쿠오카

가라쓰

5천 병력이 상륙한다.

도스

간자키

사가성

와, 신군은 진짜
서양 군대 같구나;;

원, 일부 폭도의 난동은
사가 전체의 뜻과는 전혀
다른 것이옵니다;;

Good~
Good~

굽신굽신

정부군의 위엄 앞에
사가의 메이저 가문들은
앞다퉈 공순.

침묵하는 다수는 정부에
충성 충성합니다요;

야마다 아키요시가 후쿠오카에서
본영을 지키며 미쓰제 고개 방면
루트를 탐색하는 동안~

노즈 시즈오가 선봉대 1,200명을
이끌고 대로를 따라
사가를 향해 진군.

2월 22일,
정부군은 도스 마을의 작은 언덕인
아사히야마에서 사가 반군 격퇴.

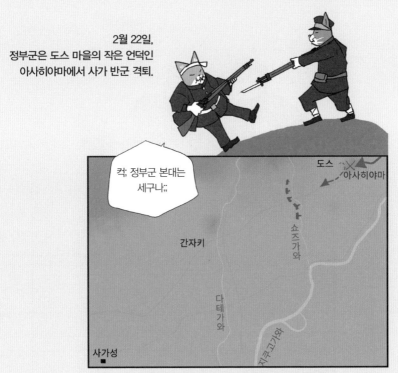

컥; 정부군 본대는
세구나;;

반군은 작은 개천인 쇼즈가와를 1차 방어 라인으로 삼는다.

2월 23일, 쇼즈가와 전투는
일시적으로 반군의 우세가
점쳐지기도 했지만,

정부군은 우회 공격으로
쇼즈가와 돌파.

쇼즈가와가 무너지자.
에토는 다테가와에
방어선을 친다.

사가 반군은
요시노가리를 틀어막았지만
정부군이 4문의 대포를
끌고 와 포격.

크악; 포격에
꼼짝할 수가 없다;;

그사이,
다테가와 하류를 건넌 정부군 별동대가
사가 반군의 배후를 공격.

크앗; 졌다;;

다테가와 방어선은
단방에 무너져내린다.

크읏; 적 선봉대에게 이리
형편없이 당하다니;;
사가군은 원래 약했던 건가;;

이리되자, 에토는 지휘 도중
전장을 무단 이탈.

그대로 사가를 벗어나 도주한다.

지휘관의 탈주에 사가 반군들도 그대로 와해,
반군 주력은 모래알처럼 흩어져 사라진다.

우국당 측은 이에 크게 분노하지만,
이제 더는 제대로 된 싸움이
불가능한 상황.

2월 27일,
사카이바루에서 마지막 잔당들의
저항이 간단히 분쇄되고.

도스

아사히야마

간자카

쇼즈가와

다테가와

쿠고기와

사카이바루

사가성

역적 놈들
다 도망간 듯?

2월 28일, 정부군은
사가성에 무혈 입성.

시마와 잔당들은 그전에
탈출해 사가를 뜬다.

규슈에는 아직 반정부
불만 사족들이 드글드글하지;;

메이지 정부의 승리!

사가의 난은 정부군의
승리로 끝났습니다!
오늘 저녁은 사과다!

사가 반군 측 피해는
전사 173명.

정부군 측 피해는
전사 184명.

실제 전투 기간은
2주도 안 될 정도로 짧았고,
그리 큰 전투도 아니었는지라
피해 규모 자체는
작은 편이었죠.

하지만 이로써 사가는
막 말 새 시대의 유망주에서 정치적 재기 불가,
잊힌 변방으로 전락해버립니다. ㅠㅠ

하지만 언젠가 이 설움을 딛고
사가에서 세계를 놀라게
할 큰 인물이 나올 수도
있지 않을까.

사가 번사
무타구치 모리쓰네

제 7 장

보물섬을
향하여

난에 실패한 후,
에토 신페이와 시마 요시타케는
각기 따로 사쓰마로 도주한다.

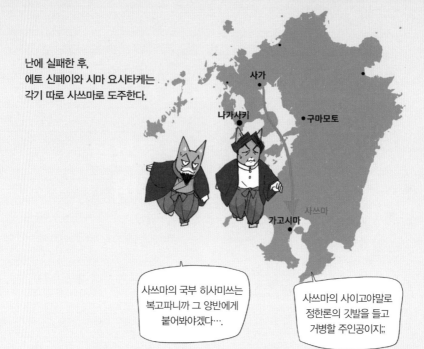

사쓰마의 국부 히사미쓰는
복고파니까 그 양반에게
붙어봐야겠다….

사쓰마의 사이고야말로
정한론의 깃발을 들고
거병할 주인공이지;;

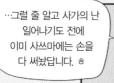

…그럴 줄 알고 사가의 난
일어나기도 전에
이미 사쓰마에는 손을
다 써놨답니다. ㅎ

예법상 계속 공석이었던
좌대신 자리를 국부님께서
맡아주시면 어떠실지요~
예전 쇼군들이 쓰던 감투가
좌대신 감투입니다요~

오호, 그래,
기꺼이—

다만 그리 중임을 맡으실 동안,
사쓰마에서 사이고가
준동하지 못하도록 살짝
분위기를 눌러주시옵기를~ ㅎ

…그럼 그렇지. 저 음흉한 놈이 공짜 감투를 내줄 리가 없지.

So, 시마 요시타케가 히사미쓰를 찾아왔을 때—

폐번치현을 무효화하고 다시 다이묘와 사무라이들의 체제를 복구하는 것이 나으리의 뜻 아니셨는지요?!

어; 내가 원래 SNS에는 아무 말이나 생각 없이 막 쓰니까 너무 진지하게 받아들이지 말게;;

시마는 히사미쓰에게 단방에 거절당한다.

근데 싸움에 진 사무라이는 원래 할복이 법도 아닌감?

전국 각지의 정한파들이 한꺼번에 들고일어나야죠! 사이고 씨의 영도하에!!

사이고를 찾아간 에토 신페이도—

에휴; 이미 무력으로 뭘 어쩔 세상이 아니잖소까;; 우리 나으리도 저리 뭉개고 앉아 견제하고 계시고;;;

결국 시마는 3월 7일, 가고시마에서 체포되고, 도사로 건너가 도사 번사들을 격동시키려던 에토도 3월 29일, 도사에서 검거.

경찰 제도는 제대로 굴러가는 모양이니 다행이네.

에토 신페이 검거에는 사진을 붙인 수배 전단이 큰 역할을 했다고 한다.

WANTED

江藤新平
ENEMY OF
THE STATE

경관 나으리! 쇤네가 똑똑히 봤습니다요!

사진 수배 전단은 사법경 시절에 내가 도입한 정책이었지!!!

사진을 대량으로 종이에 인쇄하는 게 가능해졌는가 벼?

초창기 사진 인쇄는 1850년대 후반부터 이미 가능했다고.

초창기 사진의 원리를 볼작시면—

건판 위에 아이오딘화은인가 하는
감광성 물질을 뿌리고,

사진기의 바늘 구멍을 통해
피사체의 상이 건판 위에 딱 들어오면—

균질하게
잘 펴서 발라준 다음,

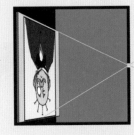

취
이
이
익

건판 위의 감광성 물질 중
빛에 닿은 부분만 반응해서
다른 성질로 변질되고,

빛에 반응하는 데
시간이 걸리기 때문에
초기 사진기는 촬영 시간이
그리 많이 걸린 것.

변질된 부분에만
반응하는 약품으로
해당 부위를 씻어내면—

치이이익

피사체의 밝은 부분은 싹 파이고
어두운 부분만 볼록하게 남은
훌륭한 볼록판이 만들어진다!

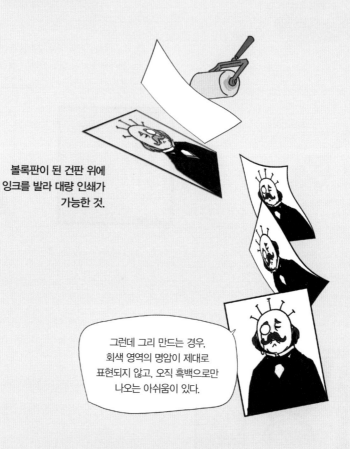

볼록판이 된 건판 위에
잉크를 발라 대량 인쇄가
가능한 것.

그런데 그리 만드는 경우,
회색 영역의 명암이 제대로
표현되지 않고, 오직 흑백으로만
나오는 아쉬움이 있다.

중간 단계의 명암도 인쇄 가능한
볼록판을 만들기 위해서는
피사체와 사진기 중간에
성글게 짠 하얀색
반투명 직물을 놓고 촬영한다.

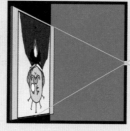

그러면 직물의 숭숭 뚫린
구멍들과 막힌 부분들 때문에
건판 위에 망점이 만들어진다.
인쇄 시, 그 망점들의 크기와
밀도로 여러 단계의 회색 명암을
표현할 수 있다!

그것이 바로
스크린톤의 원리입니다!

이 사진 수배 전단은 꽤 인기를 끌어서
사람들이 기념으로 많이 뜯어 갔다고.

신문 사진이 나오려면
아직 몇 년 더 기다려야 하기에,
이게 최초의 대량 사진 화보라
할 수 있지요. ㅎ

사가로 압송된 에토에 대해 사가 임시 재판소는
단 5일 만에 심문과 재판을 마치고 사형을 선고.

번갯불에
콩 구워 먹기~!

내가 사법경 하면서
만들려던 사법부는
이런 엉터리가
아니야!!

사형 선고 당일인 4월 13일, 에토와 시마의 참수형 집행.
그 외 주모자 11명도 같이 처형된다.

역적들의 목은 사가 대로에 몇 주간 효수.

이 미개한 효수 풍습은
내가 사법경 할 때
분명히 폐지했는데;

도쿄에서 사면령이
내려온다는 소식에
오쿠보가 서둘러
처형을 집행했다는
이야기도.

하; 이놈의 가짜뉴스가
항상 나만 나쁜 놈
만드는군요.

자, 정한론 소동은
이렇게 대충 진압했지만,
정한론을 대체할 다른 대외 이슈를
여론에 던져줄 필요가 있습니다.

대장경   외무경   공부경
오쿠마 시게노부   데라시마 무네노리   이토 히로부미

사실 정한론보다 더 중요한 대외 이슈는 막부 시절부터 이어져 내려온, 러시아와의 사할린 영유권 다툼입니다.

사할린

일단 사할린은 현재 귀속 문제가 유예된 채 일본과 러시아의 공동 영유 상태로 있습니다만, 계속 크고 작은 시비가 이어지고 있습니다.

북방 문제는 홋카이도 개척사 장관인 구로다 기요타카에게 맡겨서, 사할린 문제도 그에게 일임하고 있습니다만.

19세기에 둔전병이라니, 이 무슨 삼국지 드립인가;

홋카이도 개척도 이리 빡세 죽겠는데;;

둔전병들을 이끌고 홋카이도를 개척하고 있다.

으어; 와보니 알겠다;; 사할린은 경영도 방위도 불가능한 땅이다;;;

즈드라스부이쩨!

개척과 방위를 계획하기 위해 사할린을 시찰한 구로다는―

어차피 결국은 러시아에 밀려 뱉어낼 수밖에 없는 땅이니;;

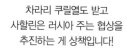
차라리 쿠릴열도 받고
사할린은 러시아 주는 협상을
추진하는 게 상책입니다!

사면받은
에노모토

그리고
그 협상을 위해 러시아에
보낼 대사로는 에노모토를
추천합니다!

ㅎㅎ, 제가
국제법을 좀
알지요~

음; 사할린을 포기한다라···
북쪽 대외 이슈는
여론을 달래기는커녕
더욱 악화시킬 뿐이겠군.

남쪽 대외 이슈도
있잖습니까. 대만 원주민
문제 말입니다.

1871년 12월에
류큐 미야코섬 사람들이
대만에 표착했다가
현지 파이완족에게
54명이 살해당한 사건을 두고-

류큐인들은
일본인 아니잖슴?!
&
파이완족은 화외다;

류큐인들은
일본인이다!

청나라와 교섭을 진행했지만
결렬되었지요.
이를 담당했던 외무경 소에지마는
정한파라서 실각했고.

파이완족은 화외 생번(중화 문화권 바깥의 복속하지 않은 야만족)이라는 게 무슨 소리인지 일단 대만 사정을 살짝 알아보고 갑시다.

대만은 우리 땅이지만 거기 산속에 사는 원주민들은 우리 백성이 아니지.

1683년에 청나라가 대만 원정으로 정씨 왕조를 무너뜨리고 이어서 원주민 다두 왕국까지 멸망시키면서 대만은 확실한 청의 영토로 편입됩니다.

하나의 중국 원칙 관철!

하지만 대만이 한족 소굴이 되는 걸 막기 위해 청조는 한족의 대만 이주를 통제합니다.

저 섬이 대륙에 맞서는 저항 세력의 근거지가 되어서는 안 된다.

그렇지만 복건성, 광동성의 한족은
부를 찾아 꾸역꾸역 대만으로 밀려들고.

서양인들도
탐내던 보물섬!

정씨네가 숨겨둔
황금을 찾아라!

객가들도 많이
건너왔죠.

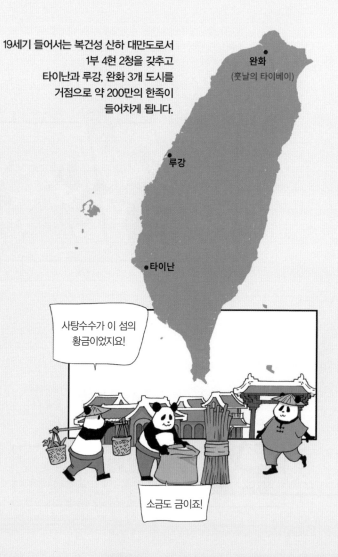

19세기 들어서는 복건성 산하 대만도로서
1부 4현 2청을 갖추고
타이난과 루강, 완화 3개 도시를
거점으로 약 200만의 한족이
들어차게 됩니다.

완화
(훗날의 타이베이)

루강

타이난

사탕수수가 이 섬의
황금이었지요!

소금도 금이죠!

그런데 이는 서부 평야지대에
국한된 이야기고,

동부 산악지대로의 진입은
섬 중앙에 그어진 번계로
가로막혀 있습니다.

청조는 대만에는
별 관심이 없었다.

그렇게 화외 생번
취급받는 원주민들은
대만 여기저기에서
한족과 크고 작은
충돌도 빚고,

서로 교류하며
이런저런 거래도 하고,

여성이 부족했던
대만 한족 사회였던지라
상호 간 통혼도
많이 이루어졌습니다.

사실 청조로서는 별 관심 없는 원주민보다는 반항심 가득한
대만 한족 사회가 더 경계의 대상이었으니,

천지회 조직이 개입한
대조춘의 난(1862~64)이
최근의 가장 큰
난리였습니다.

대만은 대충 그렇게 청조와 한족과 원주민들이
쿵짝거리며 굴러가는 모양새입니다.

그렇다면 저 원주민들에게
일본이 복수할 수 있을까…

아, 당연히 복수
하셔야죠!!
국제사회도 적극적으로
지지할 겁니다!!

외무성 외교고문 르장드르

미국인 외교고문인 르장드르는 1867년
미군의 대만 원정에 참여했던 인물.

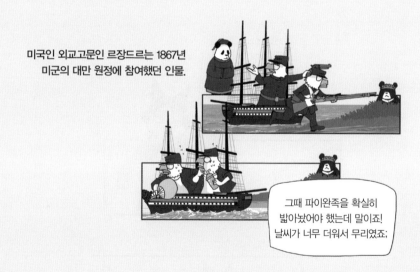

그때 파이완족을 확실히
밟아놨어야 했는데 말이죠!
날씨가 너무 더워서 무리였죠;

으어; 영사님이
탈주했다;;

역시 스타트업 국가가
인재를 알아보는군요!

그리고 샤먼 총영사로 있다가
일본 외무성의 거액 스카우트 제의에
무단으로 영사직을 걷어차고
일본으로 왔다.

르장드르는
일본에서
높으신 분들이
좋아할 만한 얘기를
잔뜩 늘어놓고.

이건 충분히 대만을
점거할 구실이 됩니다!!

대만도 먹고!
사할린도 먹고!
언젠가는 조선과
만주도 먹고!!

오, 서양인이 저리 말해주니
든든하구먼!

So, 대만 출병 결정!!
군대를 대만에 보내
파이완족을 박살내서
류큐인들의 원한을 갚는다!

출정 병력 3,600명, 나가사키에 집결!

사령관은 사이고의 동생인
사이고 쥬도!

대만지사무국 장관에
오쿠마 시게노부!

But,
이 출병 계획이
알려지자
영·미 공사들은
우려를 표명.

남의 나라 땅에 예고도 없이
군대 보내는 건 국제적 통념에
어긋나는 결례죠!

적어도 청나라에 먼저
통보는 해야지요?

영국 공사 파크스   미국 공사 존 A. 빙엄

무통보 기습은
비매너예요!

아니; 저기 아직
청나라와 일본 간에
상주 공관이 없어서
통보는 못 했는데요;

뭣보다
기도가 대노하며
반대를 표명.

아니, 무슨 %@$! 기껏
정한론 밟아놨더니 이제는 갑자기
청나라랑 전쟁 벌일 셈이요?!!
미쳤습니까? 니혼진?!

기도 다카요시,
대만 출병에 항의하며
참의 사직.

이와쿠라 사절단
미션 이전에는
천지분간 없이
기고만장하던
기도의 이런
인식 변화는—

사할린에서
러시아 몰아내고!!
부산 정도는 점령해주고!!

으어; 절대 나라 밖으로
어그로 끌면 안 돼;;;
일본은 쓰밥이라고;

이와쿠라 사절단
세계 여행

세계의 크기를 보고
코즈믹 호러에
사로잡혔는갑네.

그리고
여행 돌아온 후에 병도 깊어져서
위암이랑 뇌종양−
두 증상이 다 있답니다···.

결국 내외의 거센 반대로 출병 중지가 결정되고
오쿠보는 이를 알리기 위해 직접 나가사키로 간다.

잉?

아, 짐 싣지 말게!
출병 취소요!

아니, 각하. 지금 출항 직전에
출병 중지라고 말씀하시면···

지금 반란 부추기시는 겁니까?!
저는 분노한 장병들을 통제할
자신이 없습니다만?

아; 그건 아닌데;;
음; 어쩔까나;;

뭐, 아무튼 내가
책임질 일은 아닌 걸로.

결국 1874년 5월 2일,
지휘관 사이고 쥬도의 독단으로
대만 원정대, 나가사키 출항!

제 8 장

대만 틈입

1874년 5월 8일, 일본 정토군 3,600명,
대만 남부 헝춘반도에 상륙.

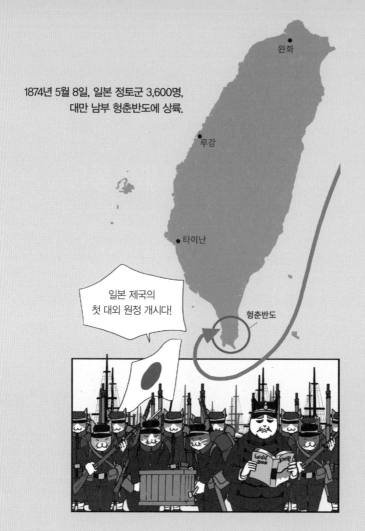

완화

루강

타이난

헝춘반도

일본 제국의
첫 대외 원정 개시다!

크앗!!!
동양 국가끼리
상부상조하자던
놈들이 이리
통수를 치다니!!

일본군 대만 침공!

일본군의
출항 공표를 통해서야
이를 알게 된
청조 측은 대경실색.

일본군은 처청에 교두보를 마련하고—

아니 저, 일단 입국 신고서부터 작성해주셔야;;

원주민들 사는 데로 안내나 해주쇼.

현지 중국 관리인의 제지를 무시하고 내륙으로 진공.

•무단사

처청

헝춘반도

곧 지역 원주민들과 소규모 접전이 벌어지고.

TA TA TA TA TA TA TA TA

워; 이건 옛날 그 왜구들이 아닌데?!

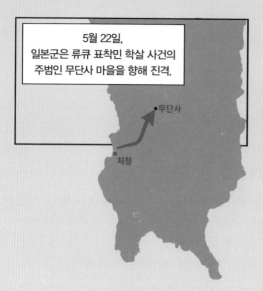

5월 22일,
일본군은 류큐 표착민 학살 사건의
주범인 무단사 마을을 향해 진격.

무단사

처청

사쿠마 사마타 중위가
지휘하는 해병대 150명이
절벽을 타고 올라
무단사를 공격—

지형이 이 모양이라
원주민들이 삐팅기며
살 수 있는 거구나;;

사건의 주모자인
무단사 추장 아록고와
그 아들을 사살한다.

이것이 참수 작전의
요체입니다!

이어서 한 달 동안
주변 원주민 마을들을
불태우며 토벌 작전을 진행.

스페인, 네덜란드, 한족, 만주족,
다 겪어봤는데, 일본 놈들이
제일 독한 듯;

버티다 못한 무단사 등 원주민 3개 부족은
7월 1일, 일본군에 항복한다.

천황 폐하 만세요…

이리 작전을 성공적으로
마무리 짓기까지 일본군
전사자는 12명에 불과했죠!

그리고 일본군은
그대로 처청 귀산에
주둔지를 건설하며
장기 주둔 태세를 갖춘다.

무단사

처청
귀산

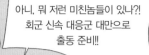
아니, 뭐 저런 미친놈들이 있나?!
회군 신속 대응군 대만으로
출동 준비!!

일본군에 맞서기 위해
당정귀가 이끄는
회군 정예 병력 6,500명이
복건성에 집결.

그리고 조정은
대만 현장 지휘를 위해
복건선정대신 심보정을
흠차대신으로 파견한다.

(임칙서의 외조카)

심보정

음, 조정은
복건선정국에 뭔가
기대를 거는 건가….

프랑스와 함께!

일찍이 1866년,
좌종당이 푸저우에 지은
마미 조선소를 중심으로
선박과 무기, 기계 생산,
운용 인력 양성을 위한
복건선정국이 설립되었다.

푸저우
마미 조선소

샤먼

타이난

홍콩

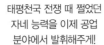

태평천국 전쟁 때 펼쳤던 자네 능력을 이제 공업 분야에서 발휘해주게!

좌종당이 서역을 평정하기 위해 섬감총독직을 맡아 푸저우를 떠날 때, 심보정에게 복건선정국을 맡긴다.

음; 선비들은 기본적으로 문과인데;;

하여, 복건선정국은 화륜선도 제작하고 운용 인력도 교육하는 중.

그리고 해군이 없는 청조로서는 일본의 대만 침략에 맞설 해양 전력으로 복건선정국을 떠올릴 수밖에 없는 것.

ZOOM

공친왕

북양대신

심보정

가능할까요? 복건선정국의 전력으로 일본 해군에 맞서는 게?

택도 덱도 없는 소리 하덜 마십쇼.

복건선정국에서 만들고 굴리는 선박이래 봤자 300톤 이하의 연안 하천용 수륜선들인데.

일본 해군은 이미 1,500톤 넘는 철갑선 등 1,000톤 이상의 진짜 군함들을 굴리고 있다고요!!

그거 군함 맞음?

어; 어선입니다만;;

인력에서도 일본 놈들은 유럽에서 진짜 해군 교육 받은 놈들인지라, 우리 수사 출신들은 도저히 견줄 수 없습니다.

음;;;;

이리 해군 없는 해없찐이 먼 바다의 섬을 놓고 바다에 능한 적과 싸운다는 건 승산 없는 일이니 모쪼록 협상으로 속히 쇼부 봐야 할 겁니다.

하여,
대만에 도착한
심보정은
충돌을 자제하고.

아, 우리 대만 민병대가
일본 놈들 확 다
쓸어버릴 수 있습니다!

워워, 캄 다운─
일단 천천히 태세를 갖추며
세를 살펴야 한다네.

본토에서 병력과 물자를 실어 오며
방비를 충실히 하는 데 전념한다.

그러면서 일본군과
교섭을 시도.

보소!
불법 입국자 놈들아!
얘기 좀 해봅시다!

아, 전 그냥
군인일 뿐이고,
교섭 권한 없다고요.

그럼 교섭은
누가 하나?

현지에서의 교섭을
맡기 위해 대만으로 오던
외교고문 르장드르는
상하이에서
미국 국무부 요원들에게
체포당해 오지 못한다.

아모이 영사직에서
무단 탈주하고도
무사할 줄 알았냐?!

무단 탈주는 영정이야.

이건 윗대가리들이 담판 지어야 할 문제인 듯.

이홍장은 결국 영국에 협상 중재를 부탁한다.

중재 좀요~

○○, 괜히 전쟁이라도 나면 장사하는 데 방해된다.

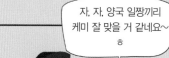

자, 자, 양국 일짱끼리 케미 잘 맞을 거 같네요~ ㅎ

주청 영국 공사 웨이드의 주선으로 1874년 8월, 오쿠보가 직접 베이징으로 와서 이홍장과 협상에 임하게 된다.

주선자는 이제 살짝 빠지겠습니다~ ㅎ 좋은 시간 되세요~

공문에 협상 상대가 공식적으로는 공친왕 전하라고 쓰여 있습니다만?

전하께서 그쪽이랑 격이 맞다고 생각하시오? 실무 얘기는 저랑 하시죠.

아, 나도 이토나 보낼걸.

누구야 그건.

쟁점 1.

ㄴㄴ, 국가의 땅 안에 행정력 미치지 않는 종족이 사는 경우는 있을 수 있다. 미국 인디언들 봐라.

중국 땅 무단 침공한 일본군 빨리 꺼져라.

파이완족은 화외 생번이니, 그 땅도 중국 영역 밖이다. 일본이 쳐도 되는 거 같다.

너네가 파이완족 관리 안 해서 이리 참사가 났으니 우리가 파이완족 손봐줄 권리가 있는 듯.

그런 기분법 갖다 붙이지 말고 국제법대로 하자.

쟁점 2.

류큐는 너네 나라도 아닌데, 왜 류큐인 죽은 걸로 너네가 난리냐. 중국이 류큐에 따로 보상할 거다.

ㄴㄴ, 류큐는 확실한 일본령임. 내가 사쓰마 출신이라 잘 안다.

그럼 류큐인들한테 직접 물어보자. 일본인인지 아닌지.

사람들이 수줍음이 많아서 그런 거 잘 대답 못 한다.

전비가 이미 1,000만 엔을 넘어가서 국고가 거덜 나게 생긴 건 그렇다 치고;;

한 달 반 넘게 7차례에 걸쳐 교섭이 계속되는 동안 일본 측은 점점 핀치에 몰리게 된다.

대만 현지에서는 중국 측의 지속적인 전력 증강으로, 일본 원정군의 2배가 넘는 회군 정예병들이 건너왔다는지라….

그냥 싸워도 수와 화력에서 열세인 판에;;

말라리아로 일본 병사 561명 사망!!!

가장 심각한 문제는 말라리아 창궐!!

이이이이잉~ 모기도 애국한데이이이잉~

지휘관인 사이고 쥬도도 강력하게 철병을 요청.

말라리아뿐이 아니라 온갖 풍토병과 더위로 제대로 서 있는 병력은 절반 이하입니다;;

멋대로 이리 끌고 올 땐 언제고;;

최대한 빨리 철수해야 합니다;; 살려주세요. ㅠㅠ

어, 1,000만 엔 주실 수 있나요??

풉 ㅋ

그럼 500만 엔?

현실적인 금액을 부르세요.

…200만 엔?

허허~

결국 적당히 보상금 받고 철병하기로 교섭이 이뤄지고.

그렇게 타결된 교섭 결과,

1. 중국은 일본의 이번 출병이 자국민 보호 조치였음을 인정한다!

그래, 그래. 알겠으니 빨리 꺼져라.

2. 중국은 일본에 70만 엔을 지불한다.

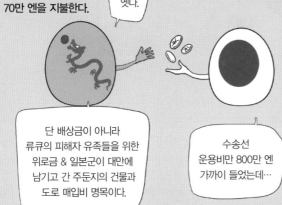

옛다.

단 배상금이 아니라 류큐의 피해자 유족들을 위한 위로금 & 일본군이 대만에 남기고 간 주둔지의 건물과 도로 매입비 명목이다.

수송선 운용비만 800만 엔 가까이 들었는데…

그렇게 1874년 10월 31일, 베이징에서 청일양국호환조관 체결.

둘 다 똥 씹은 표정으로.

이에 1874년 12월 4일, 대만의 일본군 모두 철수.

대만 모기의 무서움을 똑똑히 맛봤겠지!

지독한 섬이었지만 언젠가 다시 돌아올 날이 있을지도…

이 베이징전약으로 일본이 자국민 보호를 위해 군사를 일으킬 수 있는 나라라는 걸 널리 인정받았고!

류큐가 일본 영토임을 사실상 인정받은 거나 다름없습니다!!

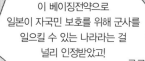

오쿠보의 자화자찬에 비해 여론의 반응은 별로 좋지 않았다.

아니, 그래서 실제로 얻은 게 뭐여;

류큐야 어차피 원래 우리 건데.

뭐 하자고 미친 돈과 병사들 목숨을 이리 날려 먹은 걸까요?

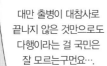

대만 출병이 대참사로 끝나지 않은 것만으로도 다행이라는 걸 국민은 잘 모르는구먼요….

…이제 다음 퀘스트는— 정한론 문제의 근원인 조선 문제 해결의 타이밍이 찾아온 듯합니다.

작년에 조선에서 고약한 늙은이가 실각해 정권이 바뀌었다고 합니다.

흠?!

타이밍이라 함은?

Meanwhile, 베이징에서는 일본에 대한 성토가 끓어오른다.

아오, 청일수호조규 맺을 때는 무슨 아시아의 형제 어쩌고 살갑게 굴더니만!!

이리 비열하게 통수를 날리다니!!

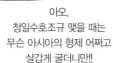

일본은 그저 머리 검은 양놈 워너비일 뿐이다!

아니 서양 놈들은 적어도 국제법 지키는 시늉이라도 하지! 왜놈들은 그냥 무법충이예!!

향후 중국의 안위에 가장 큰 위협이라면! 멀리 사는 양놈들보다는 바로 옆에서 우리 섬을 노리는 일본이 가상적국 1호일 것이야!

그리고 대만이
이리 중요한
전략적 요충지임을
깨달은 고로,
대만 개발을
적극적으로 추진!

전신도 깔고!

대만으로의
이주 장려!

항만 정비!
요지 요새화!

광산 개발 투자!

뭣보다 해군이 없어서 당한
이 수모를 다시 겪지 않기 위해!

남양대신 심보정의 주관하에 진짜 해군,
남양 함대를 창건토록 한다!

…이와 함께 수도권 방어를 위해
북양대신 주관하에
북양 함대도 창건합니다.

아니, 잠깐!
이의 있는데요;

후, 10년 전에 오스본 함대 환불 사태만 아니었어도 이미 10년 경험치를 쌓은 번듯한 해군이 있었을 것인데.

공친왕

'I told you'로 입이 간질간질하네요.

이리 해군을 창설하는 안이 나왔사오니 부디 살펴주시옵기를―

• • • • •

동치제(18세)

으엇?! 폐하?!!!

풀썩~

PS. 미쓰비시 라이징

대만 출병 때, 일본 정부는 13척의 수송선을 구입해
그 운용을 미쓰비시에 의탁했습니다.

미쓰비시 초대 회장 이와사키 야타로

이후 그 수송선들 +
도산한 일본우선회사의 선박
18척까지 몽땅 다
미쓰비시에 무상 불하.

오히려 보조금까지
받았죠~!

이를 통해 미쓰비시는 일본의 해운을 독점하며
거대 재벌로 가는 첫발을 떼게 됩니다.

이런 무시무시한 특혜는
당시에도 사람들의
공분을 사서 이와사키를
죽이려는 자들도
많았지요.

후발 자본주의 국가에서는
이렇게 편법으로라도
재벌을 키워줘야
하는 법이여~ ㅎ

저런 특혜 과정에서의
정경유착이 이후 재벌과
정치인들의 평판을
시궁창에 처박게 되는 것.

제 9 장

대원군 실각

12세, 어린 나이에
궁에 들어오게 된 고종.

어린 임금은 9살 연상인
봉서나인 이씨의 품에
안기게 된다.

영보당 이씨

1866년,
고종은 1살 연상인 민씨를 왕비로 맞지만,

14~15세의 부부 생활은
서먹서먹할 수밖에
없었고.

임금은 계속
영보당 이씨를 애정해
결국 1868년,
영보당 이씨에게서
첫아들을 얻게 된다.

왕실에 이 얼마 만의
경사인가!!

완화군 이선

그런데 이후, 고종의 애정은 점차 정실
중전에게로 향하게 되었으니.

18~19세 연령대의
또래 간 끌림은
자연스러운 현상이죠.

결국 진히로인
정석 루트군요.

배운 집 자식은
이길 수가 없네….

특히 중전의 학식이 높아
임금과 정치, 역사 이야기를
즐겁게 나눌 수 있다는 점이
큰 강점이었다고.

관우 알아요?

충의신무영우인용위현호국보민
정성수정익찬선덕관성대제의
존함을 어찌 쉽게 아녀자의
입에 올리겠습니까~

그리 임금의 애정을 얻은 중전은
1871년, 출산하게 되고.

응애~!

크흡⋯

⋯;;

아마 묘안증후군
이었을 거라고;

그런데
아이는 항문 없이
태어났는지라
곧 사망한다.

당대 서양 의술로도 무리;

이거 설마 중전이
주상과 외가 쪽으로
친척이라서, 근친 영향으로
기형아가 나온 건가?;;;

⋯⋯

시아비 아무 말 작렬

아니, 외가 쪽으로 13촌
이상인데 근친이라기엔
엄청 멀죠;;

너무 낙심 마시오.
우리 어머니 말씀이
이리 일찍 죽은 아기들은
림보라는 곳에 간다 하니─

아, 예. 뭐 림보는
사실 아무 근거 없는
가설일 뿐이지만…

암튼, 이제 왕좌의 게임을
한판 벌여야 하니, 중전이
기운 차리고 도와주셔야겠소.

아! 드디어
오이디푸스 프로젝트
발동인가요!

…제목은
다른 걸로 합시다….

사실 공식적으로는, 아버지는
아무 직위도 없고, 아버지가 정치에
영향을 미칠 어떤 제도적 장치도
존재하지 않지요.

흥선대원군
직업 : 무직

그러나 실제로는 조정의 여러 동맹과
직접 육성한 친흥파 관료들을 통해
나라를 움직이고 있습니다.

조대비

풍양 조씨

안동 김씨

전주 이씨
종친회

친흥파
관료 집단

남인 잔당 등등

서원은 적폐의
근원이야!

아버지의 가장
큰 적대 세력은 유림!

서원 철폐에 대해 유림은
계속 이를 갈며 아버지를
유교의 적으로 여기고
있습니다.

차라리 연산군처럼
사화를 일으키시오!!

그나마 유림의 영수인
이항로가 살아 있을 적에는
유림이 어느 정도 선은
지켰는데.

서원 철폐 문제로
틀어지긴 했지만,
이항로 영감은 초기
동맹 중 하나였죠.

(대원군이 서원 철폐로
통수 치자 열 받아서)
이항로, 1868년에 사망.

이항로의 뒤를 이은 최익현은
대원군 극렬 안티.

임금 아들 뒤에서 온갖 권세를
휘두르는 음흉한 독재자!!

나라를 도덕적, 경제적 파탄으로
몰고가는 무능력자!!

So, 저 최익현의 입을 빌린다면 유림의
여론을 등에 업을 좋은 수가 될 터인데.
그리되도록 일을 주선해줄 사람이…

제 친정 사람들이
움직일 수 있을 것이옵니다.

소첩의 양오라비인
민승호 대감이
수완이 좀 있습죠.

병조판서 민승호

아, 과인의
외삼촌이기도 하죠!
우리 엄마 동생.

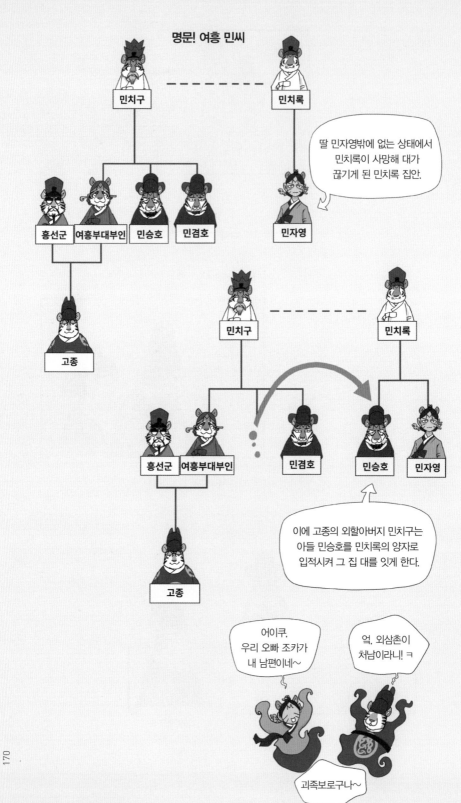

병조판서 민승호

돈녕부도정 최익현

영중추부사 이유원　　　형조참판 민겸호

그 외에 조정
여기저기에도
떡밥이 살며시 깔리고.

그리하여
1873년 11월 14일.

최익현,
동부승지 사직과 함께
문제의 상소문 제출!

계유상소 론칭!

헉?!

꽈꽝

대원군 저격
폭탄 상소?!

서원 철폐,
만동묘 철폐는
국가의 근본 파탄!

당백전에 이은
청나라 돈 호전 유통으로
경제 질서 파탄!

온갖 세금으로
민생 파탄!!

탕
탕

충의로운 선비들은 숨고
'사람'을 섬기는 아첨꾼들이
득세하는 더러운 세상!!

온갖 '주어 없는' 저격질이
대원군을 강타한다!!

172

이에 고위 대신들이 사직하고, 조정과 성균관의 친흥 세력들이 모두 들고일어나 대원군 쉴드질에 나섰으나,

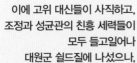

허명에 미친 키배쟁이가 평지풍파로 이름 높이려는 수작이 혐오스럽소이다!

차마 입에 담지 못할 이간질 책동을 극형으로 다스리소서!

고종은 대원군 쉴더들을 모두 내쫓고, 최익현에게 호조참판직을 내린다.

이리 곧고 진실된 말에 시비 거는 인간들은 소인배 인증이니라.

서원 철폐 궁시렁 남인 역적 놈들 복권 궁시렁…
'직책 없이 종친의 반열에 있는 사람'은 대접만 잘해주시되, 정치 관여 못 하도록 하시고…

지금까진 임금께서 직접 통치하지 않았다는 부분 ㅇㅈ?
앞으로 임금께선 부디 조정 시스템을 존중해주시고~

ㅋ아아악;;

뇌절하네;

이에 최익현은 형식적인 국문 후, 제주도 유배 2년行.

쉬이 쓰기에는 너무 자아도취가 강한 선비로구나.

민씨네가 나를 뒤에서 조종했다는 세간의 의심을 벗기 위해서는 이런 결착으로 알리바이가 만들어져야지.

그리 계유상소 정국을 주도하며 임금은 친정을 선포한 것.

과인의 나이 22세.

이제 모든 오더는 이 입에서만 나올 것이오.

크아아아익!!!

이 무슨 불효맑씸한!!!!!!!!

온갖 저격질을 아들 임금이 공인하고 조정에 대한 영향력이 봉쇄된 대원군은 분기탱천.

세상에 '효'를 저버리는 모습을 보이지 않으려면, 애비에게 돌아와 달라고 엎드려 빌어야 할 것이다!

삐져서 서울을 떠나 양주의 별장에 틀어박힌다.

But, 세상은 이미 대원군에게서 돌아섰으니 대원군의 동맹 세력들은 눈치만 보다가 모두 젊은 임금에게 붙었고.

어휴, 당연히 이 나라는 주상의 나라지요~!

조대비　조영하　김병국

아버지의 동맹 세력들도 계속 중용하고 내 동맹으로 삼았지요. ㅎ

이 줄이 진짜 공식이죠!

경제 파탄과 온갖 세금으로 고통받던 백성의 마음도 대원군에게서 떠나간 지 오래.

유림의 승리!! 도리의 승리다!!

대원위 대감 물러나니 주상께서 문세를 폐지하신다는구먼.

이제 좀 좋은 세상 오려나;

이 배은망덕한 세상 같으니!!!
내가 세도정치도 몰아내고!
양놈들도 물리쳤는데!!!

거, 어차피 다 대감 권세를
위한 일들이었잖습니까.
이제는 다 큰 아들 앞길이나
막지 마세요, 좀;;

우의정 영전을
감축드리옵니다~

드디어 정승의 반열에
오르셨으니 대감의 큰 그릇을
세상이 이제야 조금
채울 수 있게 된 모양입니다.

아니, 그냥 이번 대원군
실각 정국 속에서 친흥파 인사들
챙겨주는 모양새를 위해
정승 자리에 들러리 세운 게지.
결국 민씨네 정권.

당상역관 오경석

우의정 박규수

그래도 이번 정권의 실세인
민씨네 수장 민승호 대감은
대외적으로 좀 깨인 사람 같더만요.

일본과 국교를 맺고 제휴하면
서양 문물을 살피는 데 도움이 될 터…
일본 사정에 밝은 요원을
그쪽에 들여보낼 수 있으려나~

아, 적당한 인물이
있습죠.

나라를 개국으로
이끌 만한 식견이 있어 뵙니다.

…그런 건 지엽적인 부분일 뿐.
국가 구조 문제의
큰 틀에서 보자면
민씨 척족의 등판은
결코 반길 일이 아닐세.

이 나라가 몇몇 대가문의 부와 권세만을 위한
나와바리로 전락한 형국이 오래되었다.

이걸 전부
안동 김씨 탓으로만
돌리진 말죠?

ㅇㅇ, 조선 양반
감투 배분 사회의
구조적 문제임.

유림은 중세 스페인 이단심문관처럼
이데올로기 권력을 휘두르는 데 취해 있다.

도~오리를
다하지 못해 세상이
어지러운 것이니!
선비를 우대할지어다!

이에 관료 체제는 나라를 굴리는
조직이라기보다는 대파벌, 대가문 카르텔의
이권 배분 시스템으로 전락하고.

공직자들을 평가해줄
'나라'는 존재하지 않고
카르텔만 있을 뿐이죠.

So, 국가에 대한 공적 관념의 틀은 허물어지고,

사람들은 사적 활로를
사회의 진짜 지배적 현실로
여겨왔다.

그 상황에서 권력을 잡고
공적 국가의 회복을
시도한 것이 대원군.

그런데 금상께서는 이에 대해
옛 임금들이 써왔던 방식 그대로,
대가문들과 유림을 동원한
정치 게임으로 대원군의 신체제를
무너뜨린 것.

선왕들의 방식 그대로
진행된 게임은 결국 선왕들의
세월이 쌓여 만들어진
카르텔 나와바리 조선이라는
결과를 다시 부르게 될 뿐이니.

이제 모두 임금에게
충성할지어다~

문제는, 이제 조선에서
구름 위 임금님은 결코
파뜨론으로 기능할 수
없다는 거죠.

또한 대원군이
이리 쉽게 짜질 위인도 아닌 고로,
앞으로 조선 정치가
크게 어지러울 것이다.

어… 조선 정치의
암운도 암운이지만,
세계적으로 보면…

오스트리아발 경제 대공황으로
전세계 주식 시장이 곤두박질치고
있다고 합니다;;;; ㅠㅠ

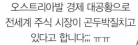

원, 군자는
주식을 멀리하는
법이라 일렀거늘;;

1873년 First 세계 대공황 발발.

제9장_대원군 실각 179

굽씨의 오만잡상

왕도 정치의 이상에 비추어 볼 때, 19세기 조선의 임금들은 별로 임금답지 않았고, 대신도 별로 대신답지 않았고, 백성도 별로 백성답지 않았지요. 이에 대해 19세기 선비들이 한탄한 것과 비슷하게 오늘날 우리도 한탄한다는 것이 조금 이상하긴 하지만…, 실제로 나라가 망해가고 있음은 사실이었기에 그들의 한탄과 우리의 한탄이 공명하는 것이 그리 어색하게 느껴지지 않습니다. 역사를 바라보는 내재적 관점이 이리 일반적으로 널리 통용되고 있다니, 역사 콘텐츠 분야의 호재지요.

그러한 관점에서 볼 때, 임금의 아비라는 권위로 임금 위에 앉아 강력한 세도를 떨친 흥선대원군이라는 존재는 조선이 껍데기로나마 추구해온 왕도정치의 외피에 거대한 스크래치를 남긴 트롤이라 할 수 있겠습니다. 충과 효의 이데올로기를 근본 삼은 조선 시스템하에서 흥선대원군은 효 명령어로 충을 통제하는 교묘한 해킹에 성공했습니다. 그리고 그렇게 얻은 권력으로 누더기가 된 조선 사회를 임시방편으로나마 조금 땜질하고, 국가 경제도 조금 망치고, 천주교 탄압과 쇄국으로 나라의 미래도 조금 어둡게 했습니다.

그런데 사실 거시적으로 보면 흥선대원군의 존재가 딱히 망국을 크게 앞당긴 것도 아니고(또는 망국을 늦춘 것도 아니고), 왕도정치의 이상을 결정적으로 짓밟은 것도 아니지 싶습니다. 흥선대원군은 그저 왕조 말기적 징후의 하나였을 뿐이고, 19세기 중반의 왕도정치 근본 운운은 결국 낭만주의적 중세 몽상 같은 거였으니 말이죠.

사실 19세기 중반이라는 세계사적 차원 속에서 임금의 아비가 섭정으로서 권력을 휘두른 게 뭐 딱히 대단한 일이겠습니까. 그냥 평범하게 어떤 대왕대비 마마가 수렴청정을 한 10년하고, 좀더 해 먹으려다가 축출되었다면 다들 뭐 그러려니 하겠지요. 그런데 성별이 남자고 혈연 관계가 임금의 아버지기에 그리고 조선 군주제의 근본이라는 거대한 잔해를 배경 삼은 덕분에 좀더 극적인 그림이 되놓은 듯싶습니다.

안동 김씨, 풍양 조씨, 전주 이씨, 여흥 민씨가 서로서로 권력을 나눠 먹는 19세기 조선의 지배 계급 판도에서 전주 이씨 세력을 규합하고 그 상징 권력을 효과적으로 휘둘렀던 흥선대원군이라는 빠돌은 그냥 그렇게 있을 법한 존재였고, 딱히 그 자체로 시대적 유해나 유익을 따질 만큼 뚜렷한 뭔가가 있었다고 논하기에는 이 연필 든 자의 깜냥이 많이 부족한 듯싶습니다.

제 1 0 장

수신제가치국
평천하

대원군의 형 흥인군
이최응을 정승 자리에 앉혀
종친의 무게추로 삼았다.

영의정 이유원 좌의정 이최응

금번에
민승호 대감이
손을 써서—

1874년 봄 암행어사 박정양이 경상좌도로 파견되어
친흥파 대일 교섭 라인을 싹 다 파직, 유배 처리한다.

이후,
신임 훈도 현석운이
일본 측과
새로 교섭을 시작.

일본이 미국, 프랑스랑 손잡고 조선에 쳐들어온다는 소문이 있던데요;;

ㄴㄴ; 헛소문임.
일단 세계 새로 써서 보내드리면 어떨까 싶네요.

그리 보내주시면 윗선에 상신해보겠음요.

모리야마 시게루

하면,
대일 교섭은 민승호 대감께 모두 맡겨놓으면 되겠지요?
왜놈들 안 쳐들어오겠지요?

그게, 민 대감이 이번에 생모상을 당해서 당분간 휴직 중인지라…

그리 휴직 중인 민승호의 집.

택배요~

지방 수령 모씨가 보냈답디다.

허, 꽤 묵직한 상자구먼.

민승호의 아들 　민승호의 양모

1875년 1월 5일,
폭탄 테러로
민승호와 그 아들,
양어머니 사망.

정권 최고 실세의
죽음도 충격이지만–

민승호와 함께 죽은
그의 양모 한창부부인은
중전의 생모!

이 테러 사건을 두고
세간의 쑥덕거림은—

민승호 대감은
배신자에 대한 본보기로
그리 처리된 게지….

역시 대원군의 뒤끝은
무시무시하구먼;;

대감을 두고 세간에
숭한 소리가 많던데
말이죠….
설마 진짜로—

아니, 내가 처남을
왜 죽여?!!

처남도 여기저기 쌓인
원한이 많았으니…
사달이 날 법도 한 일.

중보 기도나 열심히
하시구려!

…저 망할 양반이
직접 손을 쓰진 않았어도 분명
저 양반 라인에서 일을 꾸민 걸
모르지 않았을 것…

테러의 용의자로 꼽히는 이들은 친흥파 라인.

대원군의 실각과 함께 우수수 관직에서 털려나가
민씨 정권에 원한이 깊다.

일단 주요 용의자로 장씨라는 자가 잡혀 오고.

폭탄 테러뿐 아니라,
경복궁과 흥인군 자택 방화 사건 등의 연쇄 방화가
1875년 말까지 이어지는데.

어느 점쟁이 노파가
이 화재들을
정확히 예언했다 해—

당국이 수사에 착수,
그 노파의 사위인 전 영종첨사
신철균(신효철)이 잡혀 들어온다.

친흥파 인사로 대원군 실각 후
자리에서 밀려나자
항시 민씨네를 원망하는 말을
입에 달고 살았다지.

(남연군 묘 도굴 사건 때,
오페르트 일당을 영종도에서
물리친 그 영종첨사)

군인이라서 폭발물도
다룰 줄 알고.

결국 1876년, 용의자 장씨와
신철균은 역률을 적용받아 능지처사,
신철균의 장모는 장살,
신철균의 처자는 3년간 관노비行.

임금의 아비를
잡을 수는 없고,
그 수하를 이리 잡아
경고를 보내는 게지.

하지만 그 정도로
어미 잃은 중전의
한이 풀릴 리 없고.

어머니 죽인
늙은 원수!

시애비 쫓아낸
요망한 여우니!!

이제 이리 원수를 크게 졌으니
두 사람의 갈등은 절대 좋게는
안 풀리겠구나….

그러고 보니 청나라 황실도
황제가 엄마 문제로
골치 썩이고, 시월드 갈등이
심하다던가….

전하! 전하!
그 청나라
황제가!!

청나라 황제가
죽었답니다!!

헐키?!

WSD
NEWS 청 동치제 사망

19세에?!

가는 데는
순서 없죠.

일찍이 1872년,
16세가 된 동치제는
황후를 맞이하게 되는데,

서태후 라인과
동태후 라인에서
각각 황후 후보를 낸다.

여자는 일단 무조건
예쁘고 볼 일이지!!

어휴, 여자는 일단
집안과 품위지요!

서태후
라인

동태후 라인

원외랑 봉수의 딸
부찰씨

한·만 통합 장원
일강기거주관 숭기의 딸
아로특씨

한미한 가문 출신인 부찰씨는 비싼 옷이
젖을까 봐 치맛단을 끌어올리며 나오고,

야사에 따르면
물이 흥건한 바닥을 지나
어전으로 나올 때,

철퍽   철퍽

명문 귀족 가문 출신인 아로특씨는
옷이 젖든 말든 예법대로 손을 제대로
모으고 나와 황후로 간택되었다고 한다.

실제로는 3년 전 안덕해의 처형 이후,
서태후의 세력 회복이 약간 더딘 감이 없지 않아

스캉

쳇.

황후 간택전에서 패했다고도 볼 수 있다.

그렇게 동치제는 아로특씨를 황후로 맞아들이게 되고.

…쟤 작은 외할아버지가
그 숙순이라지.

효철의황후 아로특씨

한미한 가문 출신인 서태후는
명문 귀족 출신 며느리에게
온갖 시월드 패악질을 부리며
괴롭혔다고.

거, 마라탕 국물이 짜다.
입으로 숨 쉬지 마라.
코로 숨 쉬지 마라.

…늬예 늬예~

아이가 생기지 못하도록 동치제와 황후의 동침 스케줄을
어긋나게 관리했다는 이야기도.

이번 주는 폐하의 정기를
멀리 보전하셔야 하옵니다~

아, 다음 주는 황후마마께서
기간 중이시온지라~

총관태감 이연영

서태후가 통제하는
자금성 생활에
갑갑해하던 황제는

아오, 황제 친정까지
선포한 마당에
이런 부분까지 엄마
간섭에 시달려야 하나….

원, 오늘 밤도
미복 잠행으로 시정을
살피시올는지요~

학사 왕경기

옳ㅋ거니~
백성의 삶을 현장에서
살피는 민정 시찰은
황제의 책무니라~

밤마다 궁을 빠져나와
베이징 시내로 잠행.

유흥가를
집중적으로 시찰한다.

진대인~
오늘 매출로 소첩
해외 유학 가능할까요?

크하하핫!
가게 통째로
내가 쏴준다!

그리고 그리 유흥의 늪으로 빠져들수록
황제의 정치적 의지는 흐릿해져갔으니.

이건 다 엄마가 나를 너무
답답하게 옥죈 탓이야….

죄책감과 수치심은 사람을
소극적, 회피형 인간으로 만든다.

그리고
19세기 유흥의 결과는
대개 질병으로 끝난다.

으어어어~

·····

(그거죠?)

(그거네….)

어, 폐하께서는 아무래도
매ㄷㅗㄱ─

황상은 천연두에
걸린 것이다!!!

매ㄷ 포 갈릭…

(뭐 어차피 이 시대에는
매독 치료법이 없었기 때문에
어환을 천연두라고 공표한들
치료가 어려웠겠지만.)

이 못난 것이 황상을
제대로 모시지 못하니
그리 못된 길로
빠지신 게지!!!

황제의 병상에서
서태후는 다시
며느리에게
히스테리를 부리고.

흠흠

내 처음부터 딱
남편 잡아먹을 ㄴ인 줄
알아봤다!!!

긍지 높은 명문가 영애인 황후가
결국 말대꾸를 참지 못하고.

소첩은 황상과
기필코 그 끝을 같이해,
소첩이 들어온 대청문으로
다시 소첩의 관이 나갈 터이니
태후마마께서는
심려치 마시옵소서!!

…,
…대청문이
뭐가 어쩌고 어째?

정식 황후 책봉을 받은
황후만이 들어오는 대청문은,
미천한 신분으로 궁에 든
서태후가 결코 지나오지 못한 문.

네, 이 ㄴ!!!!!!!!
이 쌍$%@$%ㅆ@!
뒤질!@#$%!!

역린을 강타당한 서태후는
길길이 날뛰며 황후를 마구 발로 차고
두들겨 팼다고 한다.

아이고, 마마!!

엄마가 아내를 패는 꼬라지 곁에서
황제는 마지막 한숨을 내쉰다.

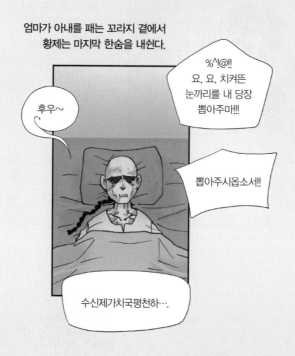

후우~

%^!@!!
요, 요, 치켜뜬
눈까리를 내 당장
뽑아주마!!!

뽑아주시옵소서!!

수신제가치국평천하….

그래, 천하여, 실컷 비웃어라….

아무튼… 내 탓은…
아닌 듯….

1875년 1월 12일,
동치제 사망. 향년 19세.

제 11 장

하늘과 땅과 바다

1875년 1월, 보군통령(수도 경비 사령관) 영록이 지휘하는
금군 병력이 자금성을 철통같이 에워싸고.

뭔 일이지?

동서 양 태후와 종친들, 고위 대신들이 모여서
다음 황제를 정하기 위한 비밀회의가 열린다.

대행황제께서 젊은 나이에
자식 없이 가신 고로~

다음 황제는 친척 아이
중에 골라야 합니다….

다행히 도광제께서는
자식 복이 많으셔서
그 핏줄이 쉽게 마르지 않습니다.

도광제

1황자 혁위
은군왕

4황자 혁저
함풍제

5황자 혁종
돈친왕

6황자 혁흔
공친왕

7황자 혁현
순친왕

9황자 혁혜
부군왕

(1,2,3 황자
모두 요절)

(약간 4차원)

재치
(양자)

재순
동치제

재염
(21세)

재란
(19세)

재징
(17세)

재형
(14세)

재첨
(4세)

(동치제의 유훈 동행
형화를 받고 있다)

부륜
(1세)

만주족 법도상, 차기 승계는 무조건
다음 항렬에서 나와야 하는 고로,
선제의 재 자 돌림 다음 항렬인
부 자 돌림 아이 중 찾아보자면─

일단 가장 가까운 혈연으로는
우리 큰 형님인 은군왕의 손자
부륜이 적당하겠습니다.

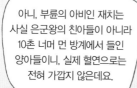
아니, 부륜의 아비인 재치는 사실 은군왕의 친아들이 아니라 10촌 너머 먼 방계에서 들인 양아들이니, 실제 혈연으로는 전혀 가깝지 않은데요.

어차피 지금 부 자 돌림 항렬에서 찾으려면 꽤 먼 방계에서 찾아야 할 텐데요;;

그러니깐! 가경제-도광제 직계 라인이 집안에서 계속 황통을 이어가려면 이번에는 부득이 재 자 돌림에서 황위를 이어야지요!

‥‥

어, 그러면 혁종 형님의 아들인 재란이 적당하지 않을까요….

어우, 열아홉 살은 너무 나이가 많죠! 황제 교육을 제대로 받으려면 머리 굳어지기 전 나이대로 골라야죠.
(섭정 가능 연령대로…)

차라리, 도련님네 아들인 재형이 열네 살인데 적당하지 않을까요? ㅎ

아니; 그건 좀;;

이렇게 공친왕을 후보 직계 당사자로 만들어서 제위 계승 논의에서 배제시키고.

결국 이모저모 따져보니,
순친왕의 아들 재첨이
나이로 보나 뭘로 보나
제일 적당한 듯요~!

예?!?

...후;;
이럴 줄 알았다;;

순친왕 혁현　**재첨**(4세)　**순친왕 부인
용아**(서태후 동생)

열성조의 도우심으로!
새 천자를 이리 정하도록 합니다!

종사에
홍복이옵니다~!

땅
땅

1875년 2월 25일,
청 제11대 황제
광서제 즉위!

...그리고 이에 따라
양 태후의 섭정은 계속됩니다.

(사실상 글과 정치를 아는
서태후 단독 섭정이나
마찬가지지만;;)

순친왕

어; 그러면 내가 조선의 대원군 비스무리한 뭔가가 되는 걸까나~

괜히 권력 게임판 건드리려다간 언니한테 아작날 테니 조용히 꿀만 빨며 살아요…

동치제 사후, 가순황후는 저수궁에 유폐된다.

부질없는 망상이지만, 부 자 돌림으로 황제가 즉위했다면, 내 양자로 입적되어 내가 섭정 태후가 되었을지도…

그리고 가순황후에게 친정에서 메시지를 보냈다는 썰이 있으니.

‥‥‥

빈 찬합 속 친정아버지의 메시지.
"황후께서는 할 일을 아시리이다."

안타깝지만, 서태후한테 찍혀서 집안이 작살날 수는 없으니…

이에 가순황후는
동치제 죽음 2개월 만에
금조각을 삼켜 자결했다는
야사가 전해 내려온다.

아로특씨 가문에는
남편이 죽으면
부인도 따라 죽는
순사 전통이 있었죠.

호남성 장사 망성현

....

...약소한 임금의
시시한 붕어보다는

3년 전 돌아가신
우리 선생님의 서거를
지면에서 더 크게 다뤘어야
하는 거 아니었을까요.

증국번묘. 1872년 3월 발인.   북양대신 이홍장

뭐, 증씨 영감이야
너님한테 직예총독 물려주고
양강으로 내려가서 1년 반 만에 죽었으니.
세대교체와 거의 동시에 사망,
따로 다룰 지면을 깜빡할 만도 하지.

...좌총독.

섬감총독 좌종당

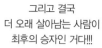

그리고 결국
더 오래 살아남는 사람이
최후의 승자인 거다!!!

Death~
빠~씨또~♪

Quiero respirar tu
cuello despacito~ ♫

뭔 짓거리요!!!

증 영감이 자기가 먼저 죽으면
무덤 위에서 춤춰도 된다 했음. ㅎ

그보다, 너님은 자금성 쪽이랑
꽤 친한 거 같던데,
이번에 네 살짜리 황제 등극시키면서
뭐 좋은 얘기 오간 거라도 있나?

외조의 신하들이 어찌
내조의 내밀한 일에
관여할 바가 있겠습니까.

하긴, 뭐 우리야 대충
평지풍파 없이 할 일만
제대로 하게 해주면 그만이지.

아, 뭐, 그런 측면에서는
태후마마께서 계속
정권 잡고 가시는 것도
괜찮겠죠.

청 제국 시스템이 제공하는 예산과 감투를 외조의 양대 라인에 적절하게 퍼주시는 현명한 아줌마인 듯. ㅇㅇ.
물론 우리도 태후마마께 상납금을 올려드리지만.
국방과 방위 산업, 지방 상공업 진흥 등, 우리 영역을 터치 안 하고 존중해주시는 게 누이 좋고 매부 좋은 일이죠.
초계 라인
회계 라인
元
元
지방 재벌 호설암
성선회
元
元
조선소, 제철소, 각종 공장, 철광-
탄광, 해운, 전신 사업 등을 모두 이 양대 라인이 독점 진행합니다.

…저리 군벌 비스무리한 한족 놈들에게 외조의 국방과 산업 근대화를 이리 다 맡겨놓아도 탈이 없을는지요;;

아아, 저들은 이미 충분히 이 시스템이 제공하는 젖과 꿀에 길들여진 순한 개들이다.

시스템이 흔들리는 게 자신들에게도 피해 막심임을 잘 알고 있지.

그리고 일단 지금은 같은 상군이라 해도 호남 출신들은 좌종당에, 안휘 출신들은 이홍장에 줄 서서 서로 견제하는 형국이니 이것이 견제와 균형의 묘일세!

상군은 원래 호남성이 원조지!!

결국 우리 회계가 중국 군벌의 근본이 될 것이다!

이러한 견제와 균형의 묘는 외조뿐 아니라
내조에도 적용되는 것이니–

양놈 문물은
중화의 혼을
타락시킨다!!

구습 타파!
서구화만이
살길이다!!

조정 유교 꼰대들, 재야 유림

공친왕의 서구화 구상

유교 꼰대들을 위해 전통적인
조정의 근간을 유지하며,
그 조정 Thing들을 계속 유지시켜주고.

유교가 중화의
중심을 지키고 있어요!

응, 아냐.

공친왕의 서구화 정책을 위해
총리아문을 설치하고, 외교, 통상
해외 유학, 문물 도입 등을 맡긴다.

그런 식으로 각 세력에게
대충 각자의 영역을 보장해주며,
평지풍파 없는 무난한 리더십을 제시한다면,
모두가 서태후 정권을 따르지 않을
이유가 없겠지요.

전통 조정 영역	서양과의 외교, 통상	만주 권귀 부귀영화	군사, 방위 산업,
유교 가치 수호	서구 문물 도입	보장	지방 인프라 사업.

뭐, 대충 좋게 좋게 이대로
우리 영역 지켜나가면 ㅇㅋ지.

그리고 서태후는 요소요소의
인물들을 인맥과 금맥으로 엮은 끈으로
이 영역들을 묶어 낡은 제국의 틀을
유지시키고 있는 것입니다.

청조와 나님의
부귀영화는
영원히 운명 공동체~

빠뜨로나~!

patrona

덜그덕 덜그덕 ~

이리 대충 굴러가는 국가 체제라 해도
국가 대계를 위한 결정을 내려야 할 때가 있는 법.

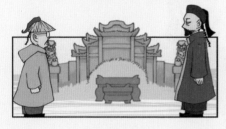

1875년, 거시 안보 정책
예산 배분을 위한
국가 수뇌부 논의 시작!

새방(塞防)!!!
육지 영토 보전!!

해방(海防)!!!
함대 건설!!

물장구 뱃놀이에
돈 쓰지 말고, 그 돈 나 주면
신강 영토 수복해드림!!

지금 제대로
함대를 뽑지 않으면
두고두고 고생할 겁니다!

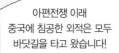

아편전쟁 이래
중국에 침공한 외적은 모두
바닷길을 타고 왔습니다!

또한 서양의 위협만이
문제가 아니라
당면한 현실을 보자면,

지난번 일본의 대만 침공 때,
저들을 바다에서 막지 못해
수모당한 기억을
어찌 잊을 수 있겠습니까?!

지척의 사나운 이웃이
더욱 세를 불리며
바다를 통해 중국 어디든
쉽게 건드리려 할 터!

북쪽의 수도를 지키고
남쪽의 물산을 지키기 위해
남북 양 수사를 건설!
함선과 무기를 구입하고
인력을 양성해야 합니다!!

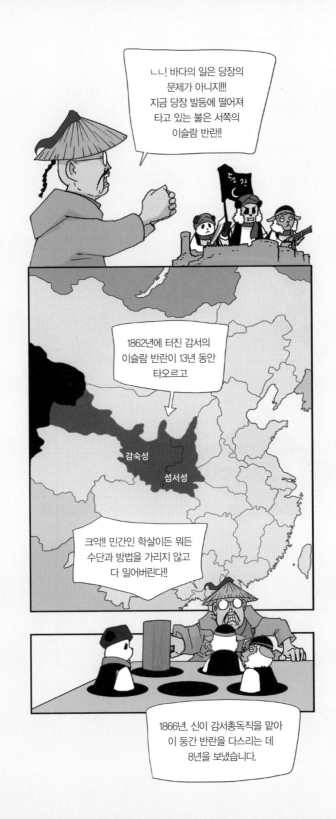

저 큼지막한 영토의 상실은
청의 외곽을 파고들어 오는
거대한 침탈에 대한
미드 오픈이나 마찬가지!!!

응애 나 러시아, 영토 조!

흐끄억;;

이미 흑룡강과 연해주의 큰 땅들을
러시아에 강탈당했는데,
어찌 이보다 큰 안보 위협이 있겠는가?!

신강을 포기하면, 그다음은 몽골이 무너지고
그다음은 왕조 발원지인
만주가 무너지게 될 것이니!

만주

몽골

신강

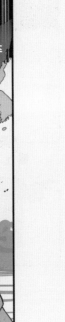

외곽 유목지대의 큰 땅들이
차례로 다 허물어지면
중화는 러시아의 침탈에
맨살을 드러내게 될 것!

조정은 1년 가까운 논의 끝에—

제 1 2 장

Suit It Up

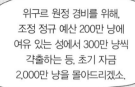

위구르 원정 경비를 위해, 조정 정규 예산 200만 냥에 여유 있는 성에서 300만 냥씩 갹출하는 등, 초기 자금 2,000만 냥을 몰아드리겠소.

음, 이걸로는 부족해…. 영끌해서 더 모아야 함.

아, 영끌은 영혼까지 끌어모은다는 뜻이지요?

아니, 영국 돈까지 끌어모은다는 뜻임.

원정 경비 확충을 위해 HSBC에서 500만 냥의 대출을 받기도 하고.

그외 여러 상인의 돈을 끌어모으고, 추가 차관까지 들여오며 몇천만 냥을 더 마련했다!!

설마, 1억 냥 넘어가는 건 아니겠지?;;;;

…그런데 그것이 실제로…

억 소리 나는 좌종당의
위구르 원정 예산에 비해-

역대급 탕진잼의
전율이 느껴지는구나!!

해군 창설 예산은
꼴랑 400만 냥….

아니, 400만 냥이면 약 660만 엔!
1875년 일본 해군 예산 352만 엔의
2배 가까이 되는 거액이잖아요?!

※영국제 신형함 1척
가격이 약 100만 엔

아니, 이 400만 냥으로
맨바닥에서 해군을 창설해야 하는데
이미 템 다 맞춰놓은 너네랑은
사정이 다르지요!!

더구나 이 400만 냥을
남양수사와 북양수사가
반씩 나눠 가져야 한다고…

남양대신 심보정

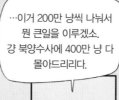

…이거 200만 냥씩 나눠서
뭔 큰일을 이루겠소.
걍 북양수사에 400만 냥 다
몰아드리리다.

으잏ㅎ?!
가, 감사합니다!!

심보정은
남양수사 몫 예산을
북양수사에 양보한다.

이 판국에 뭔 라인을 따지고 앉았나.
북양이든 남양이든 다 같은 중국 해군이 될 터.

복건선정국 베이스가 있는 남양수사에 비해
북양수사는 맨바닥에서 시작해야 하니
일단 북양수사에 몰아주는 게 합리적이지.

남양수사의 바탕인 복건선정국과
심보정은 좌종당 라인이었지만~

애국적, 대국적
용단이십니다~!

하, 이홍장이
나중에 은혜라도
갚을 성싶으쇼….

자, 이 돈으로
영국제 함선을 5척 정도
구입하면 커미션이 대충~

각하,
조선에서 손님이
오셨습니다~

음? 조선?

220

원, 먼 길 오셨습니다~

아아, 각하의 높으신 이름을 흠모해오다가 이리 귀한 오늘을 맞습니다요~

1875년 8월, 주청사 이유원, 베이징에서 이홍장 접견.

영중추부사 이유원

(영의정을 2번 지낸 조선 최고위급 인사입니다.)

작년에 우리 주상께서 원자를 보시어 이번에 세자로 삼으시고, 그 책봉을 천조에 청 올리기 위해 주청사로 오게 되었습니다~

1874년 3월, 이척 출생.

마침내!!

(훗날의 순종)

…이와 함께, 우리 주상께서 긴히 내리신 특명하에 북양대신 각하를 뵙고 나라의 우환에 대한 말씀을 얻고자 하는 바가 있습니다.

아, 어떤 우환이…

그, 아무래도 일본 놈들이 조만간 시비를 좀 크게 걸어올 듯한 분위기온지라;;

대국의 심적, 물적 지원이나 조언을 기대할 수 있을지 어떨지…

아야; 일본 말이죠…. 일이 어떻게 되었길래?

그게, 서계 접수 문제부터 시작해서 말이죠—

양놈들 흉내로 기세등등한 일본과 전쟁이 나면 그 피해가 막심할 터. 그럴 일 없도록 교린하는 뜻을 견지해야 할 것이오.

대원군 축출 후, 고종은 서계 문제에서 열린 자세로 교섭을 진행토록 명한다.

그리고 전쟁은 대원군 세력의 기를 살려주고, 국론 통합을 위해 대원군을 복귀시키라는 여론의 압력을 불러올 것입니다.

국서에서 문제가 되는 (건방진) 단어들만 어떻게 수정되면 조정에서 접수할 수 있을 것 같은데요.

그러면, 수정해오면 받아주시는 거죠?

So, 1874년 말, 왜관에서의 교섭이 어느 정도 진행되고.

훈도 현석운   maybe···   서기관 모리야마 시게루

하지만 수정한 일본 측 국서도
딱히 가오를 줄이지는 못했으니.

皇 자 빼면 신정부가
정적들에게 뭔 역적
드립을 처먹을지 모른다.

후; 이거
또 안 되겠네;

일본 놈들이 皇은 절대
포기 못 할 모양인갑네요;

그리고
뭔 이상한 글씨가
섞여 있는데 뭐지?

히라가나라는
일본 언문이죠.

결국 수정한 국서에 대해서도
조선 조정은 부정적인 반응을 보이며
접수를 미룬다.

to 조선
국서
from 일본

To 조선 국서
ver 2.0

예조참판 민겸호
(여흥 민씨)

우의정 김병국
(안동 김씨)

훈련대장 조영하
(풍양 조씨)

조영하가
비공식 라인으로
대일 교섭을 지휘

동래부사 나으리
면담 신청요~!

새 국서의 접수도 지지부진하자,
모리야마는 일단 동래부사에게
국서를 밀어 넣고자 시도한다.

신임 동래부사
황정연

음..
싫은데;

싫어도 만나줘라.
국서 접수는 좀 곤란해도,
유화적인 자세를 견지해야 해.

연회를 열고 초대해서
일본인들을 잘 달래보도록.

1875년 4월,
동래부사가 연회에
모리야마를 초대.

조촐하게 막걸리 파티라도
열어볼 테니, 그때
보도록 합시다.

올ㅋ
감사합니다~

아, 근데 드레스 코드가 있거든요?
그 흉물스러운 양복은 ㄴㄴ~
깔끔한 전통 복장만 입장 가능!

으윙?!

아니, 이제 우리 공식
정장은 양복입니다!!
그걸 무시하면 안 되죠!

224

드레스 코드 문제로
외교 연회 파투.

이 사태를 보고받은
조정은 동래부사 해임.

빼찌 먹은 모리야마는
빡쳐서 본국으로 귀환하며
연성 교섭 중지와 강경책을 주문하는
보고서를 제출.

(전략)
현재 조선은 대원군의 실각 후,
원한을 품은 대원군파가 각종 테러를 일으켜,
정권의 리더가 폭살당할 정도로 그 갈등의 골이 깊습니다.

자고로 국가의 분열은 대외 이슈 대응을 위한
국론 통합을 어렵게 하는 법.

이 타이밍을 놓치지 않고, 적절한 강경책을
저 분열의 틈으로 들이민다면, 가장 적은 수고와 비용으로
가장 높은 효과를 낼 수 있으리라 여겨집니다.

서계 문제가 해결되지 않아 정한파들의 비웃음과 정치 공세가 끊이질 않고 있으니, 어떻게든 빨리 조선 문제를 마무리 지어야 하지.

이 정권은 조선 따위에게도 무시당한다!

무능하다! 무능해!!

허허, 잘 좀 해보라고. ㅎㅎ

약간의 완력을 동원해 조속히 조선을 굴복시키고 깎인 체면을 복구하도록 한다!

…그리 완력을 동원하려면 일단 주변의 불안 요소들을 먼저 봉해놓는 것이 수순.

일단 북쪽의 러시아가 가장 큰 불안 요소.

사할린의 영유권이 확정되지 않을 경우,
이 문제를 놓고 러시아가 완력으로 일본을
굴복시키려 할 가능성이 농후하다.

사할린

쿠릴 열도

그런 그림 나오기 전에
얼른 모양 좋게
마무리 짓는 게 현명하죠.

어차피 지키지도
경영하지도 못할 땅
사할린 포기하고
쿠릴열도 받는 게 낫다고
결정이 났다.

이에 에노모토가 특명 공사로 러시아行,
상트페테르부르크에서 협상을 벌인다.

사할린 드릴 테니
(체면상) 쿠릴열도는
저희 주시죠.

흠.

고르차코프 외무장관   특명 공사 에노모토 다케아키

그러고 보니 몇 년 전에 일본에서
연해주를 통한 조선 침공 루트를
열어주면 러시아에 사할린을 넘긴다는
제안이 있었던 것 같은데요…. ㅎ

아, 그건 정한론 광인들이
정권 잡고 있을 때, 그냥 막 던진
미친 드립 중 하나일 뿐입니다;

이 무렵 러시아도 극동에서의
안정을 바라고 있었으니,

보불전쟁으로 프랑스가 나가떨어지자
러시아는 크림전쟁의 결과물인 파리조약을
파기하고 흑해에 함대를 배치하며
유럽 외교 질서 재편 게임판에 등판.

일본 따위 완력으로 누르고
사할린이든 쿠릴열도든
우리가 다 먹을 수 있지만…

다시 흑해와 발칸반도를 무대 삼아야 할 이 시국에
극동에서 쓸데없이 에너지 소모할 필요 없지.

그리하여 1875년 5월,
상트페테르부르크조약 체결!

사할린은
러시아가 먹고,

쿠릴 열도는
일본이 먹는 걸로 정리.

러시아령
사할린

일본령 쿠릴열도

확정!

이 조약에서 쿠릴 열도를 어떻게 정의했는지에 대한 해석 여하에 따라, 남쪽의 4개 섬은 홋카이도의 부속 도서로 볼 여지가 있다는 설이 있어서 훗날의 영토 분쟁에 영향을 미치기도.

－라는 건 강 소수설 헛소리고, 조약문상 쿠릴열도가 홋카이도와 캄차카반도 사이에 줄지어 선 섬들 전부를 일컫는다는 건 이론의 여지가 없습니다.

또한 조선에 대한 완력 행사에 서양 열강의 양해와 지지도 확보해놓았습니다.

원, 일본인들은 배우는 게 빠르구먼.

Good luck!

↑
신미양요

↑
병인양요

그리고 실제로 사용할 완력－ 우리 해군 전력은 충분한지요?

뭐, 세상에 완벽하게 충분한 건 없죠.

해군경 가와무라 스미요시

1875년 현재, 일본 해군의 숫 군함 14척의
총 톤수는 약 1만 5,000톤 정도.

cute
하구먼~

영국 해군의 전함 뱅가드(6,000톤 급),
아이언 듀크(6,000톤 급) 2척만으로
일본 해군의 총톤수에 필적합니다.

뭐, 영국 해군에 비한다면
그 어느 나라 해군이든 하찮아
보이지 않겠습니까마는…

하지만 상대가 조선의 전근대
해안 방어선이라면,
그냥 포함 1척만으로도
차고 넘치는 전력일 겁니다.

미개하다!
미개해!

…그러면 이번에 조선으로
무슨 구실로든 함선 보낼 때,
어쩐지 사고 칠 것 같은 친구를
보내면 좋겠는데…

과격한 정한파지만
사이고가 낙향할 때 같이
사직하지 않고 군에 남은
이노우에 요시카 소좌가
제격입니다.

딱 맞는
인재가 있습죠.

조선 정벌
마렵다~

어, 이거 경상좌수사가 나서야 할 문제 아닐까요?

크윽, 거북선만 남아 있었어도!

그리하여 1875년 5월 25일, 이노우에 소좌가 지휘하는 포함 운요호가 부산 왜관 항구에 입항! (이어서 제2 테이묘호도 입항)

아니, 이리 살벌한 군함을 다짜고짜 끌고 들어오는 법도가 동서고금에 어딨단 말이오;

조선 관리들이 항의차 운요호를 방문.

본함은 해도 연구, 측량의 평화적 임무를 맡은 함선이니 걱정 마시길. 오신 김에 본함의 선진 기물을 견학시켜드리죠.

그리고 포격 연습도 보여드리겠습니다. ㅎ

운요호의 포격 연습에 부산 시내가 발칵 뒤집히고.

우와아악!!

임진왜란 시즌 2인가?!!

이후, 부산을 떠나
동해안으로 북상한 운요호는
함경도 해안까지 갔다가
다시 내려오고.

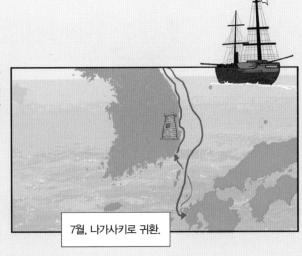

7월, 나가사키로 귀환.

이번 임무는
중국 요령에 이르는
황해 바닷길 탐색이라고
내세우긴 했지만—

그리고 9월 12일,
다시 나가사키 출항.

진짜
임무의 목적지는
이곳 강화도다!!

뚜둥

굽씨의 오만잡상

일본의 관복은 원래 조정의 의관과 무가의 나가가미시모로, 둘 다 매우 불편한 펄럭펄럭 코르셋이었습니다. 막부 말기에 이르러서는 직에 있는 자들이 관복을 체계에 맞춰 입는 일이 드물어졌고 종래의 복장 규율은 사장되었습니다. 이 때문에 신정부 초기의 관제 행사는 고색창연한 교토 궁중 의상부터 무가 전통 의상, 제각각의 서양식 군복, 맞춤 양복까지 각종 의상이 맵시를 겨루는 코스프레 패션쇼장 분위기를 연출하게 됩니다. 이에 안 되겠다 싶어서 1872년 일본 정부는 관복 의장을 제대로 정하게 됩니다. 처음에는 왕정국가의 근본을 따져서 교토 조정의 관복을 거의 그대로 재탕한 관복 디자인이 제시되었지만, 유신지사들이 반발하며 묵살합니다(그리 조정 전통 관복으로 정해졌다면 드레스 코드 때문에 모리야마가 동래부사에게 삔찌 먹을 일도 없었겠지요). 결국에는 서양인들에게 보이는 국가 이미지가 중요했기에, 일본 전통과는 전혀 상관없는 서양식 의장을 관복으로 정하게 되었습니다. 공식 행사 등에 입는 대례복으로는 당대 유럽 궁정의 유행을 따라 화려하게 수놓은 정장이 지정되었고(+깃털 달린 이각모), 일상 근무복으로는 그냥 평범하게 양복을 입도록 했습니다.

이러한 양복으로의 복식 전환에 사실 일본인들 스스로도 옷맵시를 두고 쑥스러워하더라는 조선 수신사의 기록도 있긴 합니다만, 청나라가 끝까지 복제를 서양식으로 바꾸지 않았던 것과 비교하면 서구화에 임하는 자세의 차이가 이런 부분에서도 드러나는 듯싶습니다.

제 1 3 장

운요호 사건

운요호는 승무원 60여 명,
암스트롱포 4문을 갖춘
250톤급 포함.

작은 함선이긴 하지만,
나가사키에서 요동반도까지
항해하는 데 보급물자가
부족할 일은 없을 터.

But,
식수가 떨어졌다.

예?

가까운
조선 해안에 상륙해
식수를 보충한다!

1875년 9월 19일,
인천 앞바다 도착.

식수 보급 등, 긴급 구난 상황에는
영해, 영토 진입이 국제법상
허용되지롱~

9월 20일,
강화도 앞바다로 진입.

이날 오후, 이노우에 함장은 20명의 병력과 함께
보트를 타고 강화도 상륙을 시도한다.

자, 강화도 약숫물 좀
뜨러 가볼까나~

초지리 해안에
상륙하려는 이들을
초지진에서 발견.

이양선에서 보트를 내려
상륙하려고 합니다!!

포대 비상!!!
사격 준비!!!

어차피 안 맞을 거
경고 사격으로 쫓아 보내라!

오후 4시 반,
초지진에서
일본 보트를 향해
경고 사격.

흐억;

꾸궁

옳거니!!
조선 놈들이 우리한테
포격을 갈긴 거지?!

일본군은 보트에서
초지진을 향해 소총으로 응사.

투당
투탕
타다당

헉, 저것들이
총 쏜다;;

감히 누구에게
덤비는 거냐!
미개인들, 주제를
알아라!

두고 보자!!

그러다가 일단 이노우에는 운요호로 퇴각.

휴우;;
물러가는구냐;;

미개한 조선 놈들이 국기를 달고
구난을 위해 들어가던 우리를 향해
포격을 처갈겼다!!

이는 문명사회의 규범에 대한 도전이요,
우리 일장기에 대한 모독이니!
그냥 넘어갈 수 없는 일이니라!!

다음 날 9월 21일 오전, 운요호는 초지진 전면으로 나아가 포격 개시.

64파운드 포와 40파운드 포의 작렬탄 사격에 초지진은 삽시간에 무력화되고.

이후 운요호는 남쪽으로 향한다.

운요호는 영종도
앞바다에 정박.

영종진

음, 저 정도면
후려볼 만하겠다.

영종도를 지키는 영종진에는 영종첨사 이민덕이
이끄는 600여 명의 병력이 배치되어 있었는데,

아니, 저 이양선이
왜 여기로 왔다?!

그 병력은 대충 지역 장정들이 이름만 올려놓은
동네 민병대 수준으로 운영되고 있었고,
실제 전력은 400여 명 정도였다고 한다.

포격 후 오전 7시 40분,
육전대 병력 22명을 영종도에 상륙시킨다.

상륙한 병력은 영종진에 붙어 있는 민가에 방화.

과연, 영종진 주변이 온통
화염과 연기에 휩싸이자 수비병들은 당황.

이어지는 일본군의 스나이더총 사격.

영종첨사 이하 수비병들은
순식간에 와해되어 성 밖으로 패주.

전투는 40여 분 만에 끝나고,
영종진은 일본군에게 점령된다.

전투 결과, 조선군 피해는 전사 35명.

일본군 피해는 부상 2명.
(후에 1명이 부상 악화로 사망)

조선군 16명이 포로로 잡히고(떠나기 전에 풀어줌),

성내 대포 등이 전리품으로
운요호에 실린다.

그리 분탕질을 마치고 9월 24일, 운요호는 일본으로 돌아간다.

운요호에서는 약탈한 닭들로
야키토리 파티를 벌였다고.

운요호 사건을
보고받은 조정은 발칵 뒤집히고.

정체불명이라고는 하지만, 포로로 잡힌 사람들까지
있었으니 당연히 일본 함선인 건 대충 알았고,
교섭을 대비해 일본어 역관을 준비시키고 있었다.

일본 함선인 걸로
확정하면 대일 교섭에서
안팎으로 불리한 부분들이
있을 것이니…

크읏;;
아무리 서구화된 군대라고 해도,
작은 배 1척과 병력 20명에
이리 심하게 털린단 말인가;;

이게, 예전 신미양요 때
강화도가 너무 심하게 털린 탓에
방비를 재건하는 데 비용이 너무
많이 들어서 말입니다;;

그렇잖아도 재정이 후달리는 판에,
영종도 방비까지는 크게 챙기지 못해
이번에 심하게 털린 게
아닌가 싶습니다.

으어~
나 거지.

…왜놈들이 서계 문제가 지들 뜻대로 잘 안 풀리니 열 받아서 이리 무력으로 시비 터는 게지?

시비는 조선이 먼저 걸었다!!

조선 ██████ 함선에 기습 사격!

일본 놈들은 이 사건을 오히려 자기들이 먼저 맞아서 정당방위 한 거라고 떠드는 모양입니다….

아 글쎄, 우리가 국기 걸고 평화롭게 물 좀 떠 갈라는데 조선 미개인들이 다짜고자 포격을 갈기지 뭐요!

귀국한 이노우에 함장은 열심히 이빨을 털었고.

미개한 조선 놈들이 이리 문명화된 일본을 무시하고 우리 선박의 평화로운 항해를 방해하다니! 백배 천배로 응징해야 한다!!!

음, 일이 잘된 것 같군요. 서양 쪽 반응도 세팅 잘되었겠죠?

물론입죠. 서양은 우리 편입니다.

아이고~ 서양 형님들!!
저 미개한 조선 놈들이 늘상
문명사회 선박의 항해를 방해하고
위급 구난을 거부하며
원시적인 대포 쏴대는 꼴을
어찌 계속 보겠습니까!

오… 굿잡.

너무나 뻔한 수작인 건
잘 알고 있지만,
일단 동기동기해주자.

이어서
1875년 10월에는
부산 쪽에서
도발을 이어간다.

으어; 왜관으로
돌아가시오;;

당신네가 강화도에서
일장기 단 우리 배에
다짜고짜 대포 쐈다며?!

10월 12일, 왜관에서 일본인 수십 명 무단 난출.
(새 사냥을 구실로 총을 들고)

으아니; 이건 명백한
영토 침범이잖소!!

10월 26일에는 일본군 수십 명이
부산 좌일리 포구에 상륙했다가 돌아간다.

당신네 도발에 비하면
별거 아니야!

왜인들이 양놈들에게
영혼을 팔아 얻은
저 사악한 힘을 우리가 도저히
당해낼 수 없으니;;;;

영중추부사 이유원

영중추부사께서
지난번 중국에 가서 이홍장에게
조언을 구했던 바를 어찌~

아, 지난번 베이징에서
이홍장은 일본과의
문제에 대해~

아, 뭐, 조선 내정에 간섭하지 않는 게
우리 원칙입니다만~

(병인·신미양요 때처럼
알아서 잘하시겠지요~)

어; 음;;

그래도 다시 좀 연락해보소.
대감이 이홍장 전번을 땄으니
그 연락망을 이용해야지.

아, 예. 전화
걸어보겠습니다;

. . . . . .

빠라바라바라바~
빠라바라바라바~

아, 전화 받으셔도—

아, 지금 안 받아도
되는 전화입니다.

딱

원, 역시 북양대신께서는
여기저기서 찾는 사람이
많아 바쁘시겠습니다~

아, 뭐…

초대 주청 일본공사 모리 아리노리

아무튼 이번에 우리 일본에서
조선에 이치를 따지고
관계를 다시 맺는 문제에
중국 쪽에서는 딱히
불편한 부분 없으신 거죠?

뭐, 속국의 내정과 그 사귐에
간섭하지 않는 것이 대국의 도량입니다.

아니, 근데 그리 방임하면서
뭔 속국이래요?
그냥 동네 아는 동생이라카지?

책봉례로 맺어진
천조와 속방의 의리는
저급한 사고로는 이해할 수
없을 것이오.

아, 네; 뭐 책봉
많이 하세요. ㅋㅋ

현재로서는 全 국력을
신강 원정에 올인 중이고,
해군도 갖춰지지 않았으니 조선 문제로
일본과 대립하기 힘들다….

신강 원정과
해군 미비로 청은
움직일 수 없겠지~ ㅎ

So, 중국의 입장은
그저 이웃 나라들이
서로 싸우지 말고 화목하게 지내면
좋겠다는 거예요~

으어어어 !@#$;;

알았지? 화목하게
지내자고요? 으이?

자~ 러시아 쪽도 해결했고~
서구의 지지도 얻었고~
강화도에서 시비도 텄고~

이제 베이징에서 얘기 잘 마무리하고,
함대를 몰아 강화도로 쳐들어가면~

이 무슨 무도한
개수작이냐!!

사실, 그리 중국의 양해를 짚기 전에
넘어야 했던 걸림돌이 하나 있었다.

으의?

국정에 대한 사족 백성의 원성이
하늘을 찌르는데!!!

이웃 나라나 겁박하는 간교한 수작으로
눈길을 돌리려 하다니!!!
도리가 끊어진 정부로다!!!!

구, 국부님?;;

좌대신 시마즈 히사미쓰

제14장

강화도를
향하여

무가 출신이 오를 수 있는 가장 높은 직위인 좌대신 감투.

태정대신 산조 사네토미

좌대신
시마즈 히사미쓰

우대신
이와쿠라 도모미

폐번치현으로 사쓰마 번은 사라졌지만 이 정도 감투라면 위로가 되려나….

하지만 태정관 3정승은 사실 이름만 드높은 자리일 뿐, 실제 권력은 참의와 각 성 대신을 장악한 유사(삿초 유력 인사)가 차지하고 있다.

. . . . .

어휴, 골치 아픈 나랏일은 저희에게 맡겨놓으시고, 존경과 명예만 취하시지요~

이에 히사미쓰는 유사 권력 체제의 안티 공론화에 나서고.

나라가 이렇게 굴러가는 게 제대로 된 꼬라지일까?!

이에 이타가키 다이스케가 호응.

지당하신 말씀입니다!

(1875년, 오사카 회의로 정부 참의에 복귀)

급진적 서구화에 불만을 품은 보수 공경 세력들도 호응.

다루히토 친왕

다들 난쟁이 똥통 몸매에 스키니하게 양복 껴입고 다니는 꼬라지, 정말 못 봐주겠어요.

운요호 사건으로 시끌시끌하던 1875년 10월, 시마즈 히사미쓰, 〈정부 개편 건백서〉 투척.

탄핵 받아라!!

으어어어?! 이 시국에 국부님이?! 어째서??!

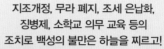

개판으로 돌아가는 나라 꼬라지가
정부 인사들 눈에는 보이지 않는건가?
아니면 보고도 못 본 척하는 것인가?!

지조개정, 무라 폐지, 조세 은납화,
징병제, 소학교 의무 교육 등의
조치로 백성의 불만은 하늘을 찌르고!

날이면 날마다 전국 각지에서
소요가 끊이질 않는다!

폐번치현으로 실업자가 된 사족들은
나라에서 주는 쥐꼬리만 한 녹봉에
생활고로 신음하고 있고,

그나마 이 녹봉 지급할
예산도 이제
바닥났다지;;

번정이 폐지되고 각 지방에 들어선
내무성 직속 현청 놈들은 마치 점령군인 양
어찌나 거들먹거리는지!

나랏님 대신해
미개한 시골 놈들
개화시켜주러 온
귀한 몸이시니라~

지역 사족들이 지역 현청에
어떤 모멸감과 분노를 품고 있는지!
폭발 직전의 갈등 양상이 어떠한지
정부 인사들은 아는가!?

우리 나와바리는
우리 손으로…

그리고 이 정부가 정한파를 다 내쫓은 이후
그 무리 중 사가 사람들이 일으킨 난을 토벌했는데,

사가의 난은 실로
빙산의 일각일 뿐!

조슈의
마에바라 잇세이!

사쓰마에 웅거 중인
사이고!

이들이 폭발한다면
사가의 난 따위와는
비교 불가 대참사가
될 터!

이들의 부채질을 받으며,

정한파와 여러 불만 세력이
칼을 갈고 있나니!

서걱 서걱

이들을 달랠 정치력이
지금 정부에 있는가?!

하?!

굽신 굽신~

그리고
이 정부의 서양에 대한
비루한 굴종!!

양이를 외치던
기백만 무사의 눈에 이 굴욕 외교가
어떤 꼬라지로 비칠 것인가?!

더구나 서양 흉내를 내기 위해
양놈들에게 엄청난 빚을 지며
진행하는 서구화란 대체 무엇인가?!

사람답게 살려면
전신도 깔고~
철도도 깔고~
비데도 놓고~

빚

양놈들에게 진 빚에 묶여
서양의 채무 노예가 되길 자처하는가?!
외채 망국이여! 외채 망국!!

불평등조약이라면 그냥
우리 쪽에서 파기해버리면
그만 아닌가!!

그리고 애국지사들이 원하는 건
서양에 불평등조약의
개정을 간청하는 게 아니다!!

그걸 뭘 개정해달라고
서양에 굽신거리며
써킹하고 있나?!

불평등조약 파기!!!
Not 개정!!

이렇게 나라 안 사정이 개판인데도
이에 대한 어떤 수습책도 없이
대만 침공이니, 조선 문제니 하는
실속 없는 소란으로 면피책 삼다니!

조선 문제 해결한다~!
제국의 위신을 나라 밖으로
떨치겠습니다~!

그래, 조선의 무례를
응징한답시고 나서서
조선한테서 뭘 받을 건데?!

조선 왕을 입조시키기라도
할 건가?!

뭔 배상금이라도 뜯어내나?!
영토 할양이라도 받아내나?!

어; 그건
아니지만요;;

뭐? 배상금?
미친! ㅋㅋ
배 째라 마. ㅋㅋ

국외 문제로 북 치고 장구 치는
짓거리는 집어치워!!
국내 문제부터 해결하자고!!

이에 현 시국을 타개하고 정부를 뜯어고칠 건백서를 올리나니,

1. 현청을 폐지하고 옛 번정의 방식으로
   지방 행정을 원복한다.

으어;;

원래 지방 분권이
데모크라시다!

2. 참의와 경(장관)의 겸직을 금지,
   참의와 내각을 분리한다.

3권
분립

참의 ≠ 경(장관)

유사 세력이
이를 겸직하며 과하게
권력을 독점하고 있으니

장차 참의 역할은 과두정이 아닌
서양식 의회로 발전시켜야지요.
사법부도 독립시켜야 하고.

의정

분 / 리

행정

3. 태정대신을 교체, 정원 3정승이
   실질적 국가 수반 역할을 하도록 한다.

이는 실로
중앙집권·서구화 세력인
삿초 유사 권력을 몰아내려는
지방분권·보수파 세력의 역습!

의전 레벨에서 국부님을 직접 상대하는 건 도저히 무리고;;

20학번들이 굴리는 학생회에 16학번 복학생 선배 아저씨가 난입해 회장 하겠다는 꼬라지를 어케 처리하남;;

IWAKURA

역시 이와쿠라 공밖에는 믿을 사람이─

아니, 나도 히사미쓰 공 마주치기 껄끄러워서 병가 내고 집에 숨어 있는 중이에요.

아니; 그러면 어쩝니까;;

이 나라에서 히사미쓰 공을 권위로 누를 수 있는 이는 단 한 사람.

어전 회의에서 천황의 칙어가 내려진다.

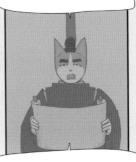

이와 함께, 태정대신 이하 전 고위 대신이 제출한 사직서 중, 히사미쓰와 이타가키의 것만 수리되어 1875년 10월 27일, 히사미쓰는 실각해 낙향.

아이고, 국부님~ 오카에리~

…닥쳐라.

저 유사 권력은 천황 치트키가 있으니 정쟁으로 꺾일 일은 절대 없겠군요.

뭐, 이렇게 국내 정치적 문제로 한바탕 소동을 겪고 나서야 조선 문제에 제대로 집중할 수 있게 된 거지요.

CALL
MORI
in Beijing

이제 중국 쪽만 제대로 익스큐즈되면 그대로 강화도로 내달릴 수 있겠습니다.

아아, 중국 쪽은 얘기 잘되었습니다! 속국이건 뭐건 조선 문제에 간섭할 의향 없다고 합니다.

주청 공사 모리 아리노리

○○, 신강 원정이랑 해군 미비 때문에 못 움직인다더랬지.

그 문제 외에도, 영국과 프랑스가 얽힌
문제 때문에 청조가 외교적으로
움직일 공간이 없지 말입니다!

어흥!

아이고; 또
영국과 프랑스냐;;

영국 쪽 문제는—

1874년 말, 영국 외교관 오거스터스 R. 마거리가
장강과 영국령 미얀마를 잇는 교역 루트 탐사를 위해
중국 서남부를 헤집고 다녔습니다.

마거리는 머저리로
읽을 수도 있지요. ㅎ

그러다가 1875년 2월 21일, 운남성 텅충에서
그곳 원주민인 경파족에게 피살!

크억;

유 쉘 낫 패씃!

외교관 피살을 그냥
넘어갈 수는 없죠?!
(돈이랑 이것저것 내놔.)

영국 측은 이를 구실 삼아
청조를 외교적으로 압박 중입니다.

주청 영국 공사 웨이드

아니, 저; 중국인 일행 4명도
같이 살해당했는데요;;

프랑스 쪽 문제는-

1874년, 프랑스 코친차이나
당국이 베트남에 무력을 행사.

아오! 아오!

프랑스 놈들,
독일한테 빰 맞고
베트남에 화풀이냐;;

그리하여 1874년 3월, 2차 사이공조약이 강제로 체결되어
베트남의 프랑스 속국화가 진행됩니다.
이에 베트남에서는 청에 계속 Help를 치고,
청조도 이에 크게 고민 중입니다.

읍; 읍;
살려—;
읍; 읍;

으어;;

이 부분은 다른 회차에서 좀더
자세하게 다루도록 하죠.

자, 이렇게
모든 걸림돌이 치워졌고!
이제 모든 신경을 집중해서
조선 문제 해결에 전력!

단번에 해치웁시다!!

1875년 11월, 일본 정부는
(무장)사절단 파견이라는
조선 문제 해결책을 수립해
추진 개시.

기도가 조선행 사절로
나서겠다고 자원했지만,

나 정도 고위급이 가야
조선에서도 감동해서
고개 숙이겠지~

환자는 경역을
롱과 못할 듯···

쿨럭

건강 문제로 기각.

구로다 기요타카가
특명 전권대신
정사에 임명된다.

이노우에
가오루가 부사.

무진전쟁 때부터
바다 건너는 일 전문이지!

그런데 이런 종류의
협상은 해본 적이 없는데
어떤 식으로 해야 할까요;

일단 소리가
아주 큰 대포를
가지고 가야 합니다.

약소국과의 강제
개항-수교 협상에 대해
프랑스인 법률고문
보아소나드 박사에게
특강도 듣고.

현지 음식을
함께 먹어주면 원주민들이
매우 기뻐합니다.

불닭볶음면
나오면 어떡하지;;

우리 대신이 함대와
호위 병력을 거느리고
곧 강화도로 행차할 것이니 의전에
만전을 기해주시기 바랍니다.

1875년 12월, 일본 외무성은 부산에
일본 전권 사절단의 강화도 방문을 예고.

엉? 뭐? what?
누구 맘대로?
오지 마요, 미친 님들아;

아, 환영 만찬 메뉴에
매운 건 좀 빼주시고.

이와 함께 시모노세키에 야마가타가
지휘하는 2개 진대 병력 1만을 대기시킨다.

협상이 결렬되면
이 병력으로
들이치겠다는 거죠.

실제로 그럴 의향도,
가능성도 별로 없겠지만…

뜨어어;;

1876년 1월 15일,
일본 전권대신단 호위 함대
함선 7척, 부산 앞바다 출현.

우린
강화도로 간다!!

이제 조선 막걸리
다 뒤졌다. ㅎㅎ

굽씨의 오만잡상

사실 저 1875년 10월의 건백서 헤프닝은 히사미쓰의 땡깡이라는 부분보다는 오사카 합의의 붕괴라는 측면에 더 초점을 맞춰야 하지 말입니다.

1875년 2월에 오사카 회의를 통해 기도와 이타가키가 정부 참의에 복귀하면서 오쿠보 측과 향후 입헌 정체 수립 추진에 합의합니다. 앞으로 슬슬 의회도 개설하고 헌법도 만들자는 큰 틀에 오쿠보도 동의해줬다는 거죠(하지만 이타가키의 정부 참여는 자유민권 운동 일각에서 배신으로 취급받습니다). 그렇게 입헌의 길이 열리나 싶었지만 이타가키의 구상은 곧 한계에 부딪히게 됩니다. 유사 권력 약화를 꾀한 이타가키의 시도는 모두 좌절당했고, 결국 히사미쓰와 공조했던 1875년 10월의 건백서 제출이 실패하면서 그는 다시 정부를 떠나 재야로 향하게 됩니다. 이 때문에 일본 정치사에서 중요한 의미를 지닐 수도 있었던 오사카 회의와 입헌 합의는 반년만에 흐지부지되었고, 이 만화 지면에서도 비중 있게 다뤄지지 않게 되었습니다.

이 국면에서 의회주의를 추구하는 이타가키가 봉건 수구 히사미쓰와 잠시나마 손잡은 것은 괴이한 그림이긴 하지만, 그게 또 그가 이상적 원리주의자가 아니라 유연한 현실주의 정치가임을 보여주는 부분이랄 수 있겠습니다.

제15장

강화도 회담

1876년 1월 17일,
구로다 사절단은 4척의 함선으로
부산을 떠나 강화도로 향한다.

임진왜란 때 구로다 장군은
서울까지 걸어서 갔는데
세상 참 좋아졌네~

일본 사절단 함대가
강화도로 오고 있다고?!

으어어어어;;

이놈의 조정은
시그니처 대사가
'으어어어'인가…

일단 서해안 따라 올라오는
일본 함대에 문정관을 보내
얘기를 해봐야죠.

지금쯤 화성 앞바다
정도 와 있겠네.

조정은 오경석과
왜훈도 현석운을
문정관으로 파견.

이번에 일본 함선과 접촉해
그들이 서양 물을 어느 정도
먹었는지 알아보도록 하겠습니다.

○○,
수고 좀 해주게.
그런데 말일세…

작년에 자네, 베이징 갔을 적에
영국 공사관에 들렀다지?

아, 예; 뭐;
정보 수집차…

1874년과 1875년,
오경석은 연이어
베이징의 영국 공사관을
홀로 방문한다.

Hello~

영국 공사관의
서기관 메이어스가
조선 역관을 맞아
담소를 나눔.

원, 프랑스에 이어 미국도 조선에서
버티지 못하고 물러난 걸 보니
조선인들이 꽤 터프한가 봅니다.

아아, 쓰잘데기없는
북한식 가오일 뿐이외다.
실제로는 처참하게
두들겨 맞은 건데 말이죠.

솔직히 미군이 좀 끈덕지게
공략을 이어갔다면 한강 하구를 잃은
대원군 정권은 곧 붕괴했을 거고
조선도 개국하게 되었을 텐데 말이죠.

헐, 꽤 과격한
발언이시군요;

아아, 조선은 그리 강력한
외부 충격이 아니라면 결코
500년 적폐의 미몽 속에서
헤어나오지 못할 겁니다.

아, 좀 바깥 세상
돌아가는 데 관심 좀
가져봅시다!!

드르렁~

제가 개인적으로
아무리 열심히 개국을 주장해도
쇄국의 잠은 강고하게 이어질 뿐입니다.

프랑스와 미국도
조선의 잠을 깨우는 데
실패했고.

잠 고집이 아주
쇠심줄이네;;

드르렁!! 쿨쿨!
으아, 꿀잠이다!
꿀잠!!!

아무래도 결국 서양 문명 1짱인 갓영 제국이
나서줘야만 조선의 잠을
깨울 수 있지 않을까 싶습니다.

WAKE UP!!

으어어;;

So, 부디 영국군이
조선에 출병해주시길~

뭐, 대충 그런 위험한
대화를 나눴다는 소문이
어디서 들리던데…

어휴;; 그럴 리가 있습니까;;
그냥 우유 섞은 차 한 잔 마시고
나왔을 뿐인데 말이죠;

우웩;

1월 29~30일, 오경석 일행은 화성 남양 앞바다의
일본 함선과 접촉, 문정을 위해 승선한다.

공식적으로는 문정관으로서
모리야마 시게루를 만나
일본인들의 목적을 묻고
조정의 입장을 전달.

우리 사절단이
강화도로
갈 건데요.

강화도 진입은
불허한다는 것이
우리 조정의 입장입니다.

이게, 서양의
'삐-루'라는
보리 술입니다~

크어~ 이리 서양 기선들
많이 빌려왔으면
임대료 많이 나오겠네요?

비공식적으로는
오프 더 레코드
사담이 이어진다.

아아, 이 함선들 다 우리
정부 소유 선박입니다. ㅎ
일본에서 건조한 기선도 있죠!

킁. 서양 기선 정도야
조선도 얼마든지
소유할 수 있소이다!

서양 기술을 들여와 조선 땅에 묻혀 있는 철과 석탄을 캐내면!

능히 기선도 만들고! 산업혁명도 할 수 있을 것이오!

조선 밖은 야만이다~ 도리는 조선에만 존재한다~

…지금은 세계가 크게 굴러가는 시대를 쇄국으로 눈귀 다 가리고 외면하고 있지만.

새는 알에서 나오기 위해 투쟁한다.

알은 새의 세계다.

쩌적

누구든지 태어나려고 하는 자는

하나의 세계를 파괴하지 않으면 안 된다.

그리 알을 깨고 나오는 데
내부의 힘만으로 부족하다면,
외부에서 포탄을 좀 갈겨주는 것도
나쁘지 않다고 보오.

절대 개항해!!

퍽

BOOM

조선에도 말 통하는
사람이 있네요.

…그러니 강화도 가면
막 포도 쏴대고 해서-
조정 꼰대들 정신 차리게-
으어; 조선을 살…

역관 등의 중인 전문직 계층이
조선의 양반 지배 체제에
크게 염증을 느낀다는 게 정말이군.

일본 함대는
문정관의 요구를 묵살하고
강화도를 향해 북상.

이를 전해 들은 조정은—

—라는 대요.

조정 주요 중신들—
이최응, 김병국, 이유원,
박규수, 조영하 등의
의견이 모두 일본과의
화의로 모아지고.

판부사 신헌을 접견대관으로 보내 강화도에서 왜인들을 맞이하도록 하라.

아버지 정권 때 신무기 제작도 지휘하던 무관이니 능히 수완 있게 협상에 임할 수 있을 것.

1월 30일, 조선 대표단 강화도로.

판부사 신헌　부총관 윤자승　수행 비서 강위

2월 3일, 현석운이 강화도 앞바다의 일본 함선을 방문해 회담 장소와 날짜를 조율코자 했으나,

날짜와 장소는 우리 측에서 내일 강화성을 방문해 결정하겠소!

일본 측은 그리 일방 통보 후,

강화성
갑곶진

2월 4일, 함선을 갑곶진 앞으로 보낸다.

이어서 일본군 병력이 갑곶진에 상륙.

이들은 강화성으로 가서 강화유수에게
회담 장소와 날짜를 통보.

그리고 2월 10일,

400여 명의 일본군 병력이 강화성 남문으로 향한다.

처벅
처벅

그리 병력의
호위를 받으며 구로다,
강화성 입성.

나름 잘 꾸며놓은
관광지군요~

먼 길 오시느라
노고가 크십니다~

2월 11일,
강화성 연무당에서
신헌과 구로다가
마주 앉아 협상이 시작된다.

뭐 요즘 세상에 이 정도는
외교적으로 딱히 먼 길도
아니라고 합니다. ㅎ

#구로다가 내놓은
협상의 쟁점 1.

서계 문제에서
조선이 일본을 무시하며
국서 접수를 거부해온 것이
오늘날 문제의 근원이오!

아니, 뭐 그건 격식과
폼을 제대로 따지다 보니
시간이 좀 걸린 일이죠….

이 서계 문제 때문에 일본에서는
주전론이 크게 일어나고!

전쟁을 주장하던 대신 4명과
무수한 인사가 사퇴하고!

결국 한 대신(에토 신페이)은
반역죄로 처형당하기까지 했으니!

크흑, 이게 다 조선 쪽
책임이라는 거 ㅇㅈ?

아니, 그건 그냥 그쪽 분들
인성 문제 아닐까요.

이게, 조선 쪽에서
서계 문제 논의가 속히 진행되지 않은
이유 중에 하나가—

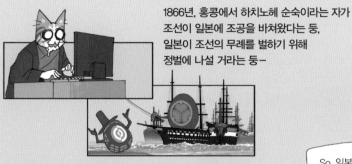

1866년, 홍콩에서 하치노헤 순숙이라는 자가 조선이 일본에 조공을 바쳐왔다는 둥, 일본이 조선의 무례를 벌하기 위해 정벌에 나설 거라는 둥—

그런 흉악한 내용의 칼럼이 《중외신문》에 실리고, 이게 조선에 알려져 큰 문제가 되었지 말입니다.

So, 일본의 본뜻을 경계하고 살피고자 하는 목소리가 조정에 많을 수밖에 없었잖겠습니까?

아니; 뭔 10년 전 홍콩 찌라시를 가지고;;

#구로다가 내놓은 협상의 쟁점 2.

지난번에 우리 운요호가 평화롭게 식수를 구하고자 했는데 이를 다짜고짜 포격한 사건에 대해 책임자 처벌과 사과를 요구합니다!

정말 무서웠지만 용기를 냈죠!!

하?!

우리 영해 침범한 선박에는 경고 사격 당연한 건데요?!

국기를 달고 식수를 구하러
영해, 영토에 진입하는 건
국제법상 허용되는 일!
그런 구난 선박을 공격하는 건
죄를 물어 마땅한 일입니다!

아니, 우리가 당신네
국기를 어떻게 알아보오?
당신네 국기 정했다고
조선에 보도자료라도 뿌렸음?

디자인 참
형 돋네요;

그리고 우리 병사들은 그 이상한
국기가 아닌 황색기(검역기)를
봤다고 합니다만.

아, 황색기도
달긴 달았다던거 같은데…

뭐, 경고 사격한 게 좀 빈정 상하는 일이라손 쳐도!
그 보복으로 섬의 진지를 공격해
35명을 살상하고 진과 마을을 불태운 게
정상인의 행위라고 생각하시오?!

누가 봐도 발작하며
오버한 건 그쪽이지요!!

#신헌이 생각하는 본 협상의 무난한 결착.

자, 뭐 이런저런 지난 일들 따져 뭐하리요.
이 자리에서 다시 지난 250년의 친교를
회복한다면 무난하게
잊힐 일들 아니겠습니까?

지난 250년 전통의 조·일 관계를 복원하는 걸로
문제가 해결되고, 그것이 이 협상의 목적이라고 생각하고 있다.

ㄴ니! 우리는 서계 문제에 관한 해명과
운요호 사건에 관한 사과 및
책임자 처벌을 받아 가야겠소이다!!

서계 문제

운요호 사건

구로다는 서계 문제와 운요호 사건의 책임 추궁이
이 협상의 가장 중요한 쟁점인 양 연막을 피우고—

그리 진을 빼놓은 다음에,
진짜 목적을 들이밀 준비를 하고 있다.

해명! 사과!
책임자 처벌!

(배상까지는
안 바람.)

아오;

12개조
수호
조약

협상은 페이즈2로 향하고…

뭐 아무튼 일단
간식이라도 드실까요.

아, 감사합니다만
괜찮습니다;

거, 모처럼 준비했는데
좀 드시지요.

원, 사양할 수
없는 거군요;;

제16장

조일수호조규

서계 문제와 운요호 사건을 가지고
조선을 압박하던 구로다는 –

거기서
조약 문제로
태세 전환.

290

아니;
지난 250년 전통의 친교를
그대로 회복하면 될 일인데,
어찌 조약 어쩌고 하는
낯선 이야기를;;

이 외에 다른 친교의
방법은 없습니다.
이거 안 받으면 우리 군을
받아야 함.

으어;

전 세계가 따르는 국룰-
만국공법에 의거,
각국이 서로 조약을 맺고
교제하는 시대입니다.

hwp로 변환하면
글자 다 깨지는데요;;

메모장 이용해서
복붙하는 수밖에 없죠.

일본 측이 제시한 수호조규 12관을,
오경석 등이 일본 외교관들과 함께
조선 조정에서 이해하고 받아들일 만한
언어와 양식으로 마사지한다.

그리 만들어진
조약문 사본은
바로 조정으로 보내지고,
2월 15일, 오경석도
이를 설명하기 위해
조정으로 급행.

이거 담당자가
직접 와서
설명해주게.

다음 날, 오경석은 조약문 내용을 브리핑.

서양에서 나라 사이의
첫 친교를 닦는 약조를
수호조규라 합니다.

수호조규, 왜 맺어야 하는가.

⊙ 취약한 한강 하구
⊙ 글로벌 금융 위기

대충 항구 2개 더 개항한 다음
거기서 백성이 자유롭게
무역토록 하고~

…이거 받는 게
최선인가?

…예에…
아마 그럴 겁니다….

So,
조정은 일본 측이 제시한 조약을
받는 게 좋다는 쪽으로 결론 냈습니다.

음;

(안 받으면
전쟁이니까요.)

(전쟁 나도 못 도와주니까)
알아서 잘 화친하시지요.
일본 공사와의 면담 녹취록
동봉합니다.

마침 며칠 전에 이홍장이
보내온 자문도 일본과의
화의를 권고하고 있고.

이번에 온 세자 책봉 사신단도
불간섭 의사만 표할 뿐.

어휴, 프랑스, 미국이랑
싸울 때도 베이징 쌩까고
강 알아서 하시더만,
뭘 이제 와서…

뭐, 결국
일본과의 수호조규란 걸
맺는 쪽으로ー

아니되옵니다~!!!!!!

조정의 논의 내용이 세간에 흘러나오자
유림에서 거센 반대가 터져 나온다.

왜적에 굴복하시면
아니되옵니다!!

하;;

최익현, 도끼 상소.

저들이 원하는 대로 통상할 경우,
저들의 사치품, 노리개와 우리 백성의
목숨이 걸린 생필품을 바꾸게 되는 것이니,

곧 망국에 이르게 될 것입니다!!

그리고
서양 옷을 입고 서양 룰을 따르는
일본은 이미 서양의 앞잡이입니다!!

사무라이 정신을
저버리다니!!

왜를 들임은 곧
양귀를 들이는 것!!

(근데 잘 저버렸다.)

이는 곧 서학의 독이
나라 전체에 퍼져 망국에 이르게 되는 것!

끼에에에에엑!!

야소 천국!
불신 지옥!

조정에 화친을 주장하는 자가 있다면
그 자가 역적이니 바로 목을 치시옵소서!!

그리 아니하실지라면, 부디 이 도끼로
신의 목을 쳐주시옵소서!!!

이 같은 유생들의
거센 반발 분위기 와중에―

대원군 또한 날뜀.

이 물렁 나약한 정권이
나님이 닦아놓은
안보 태세 다 허물고
백기를 드는구나!!!

아들 공격할 기회를
얻어서 이리 신난
애비라니;;;

대원군 시절에는
프랑스, 미국의 침공도
막아냈건만!

이 무능한 정권은
고작 왜놈들한테
바로 백기를 들고
나라 문 열쇠를 바친다네!!

그러게, 합하 시절에는
이런 굴욕은 없었제.

여기저기 글을 보내고
여론을 들쑤신다.

대원군은
자기 라인이었던
박규수, 오경석에게도
글을 보내 대일 회담
파투를 압박한다.

뭔, 왜놈들한테 굽실거리고 있음?!
다 엎어버리고 전쟁 ㄱㄱ!!
오경석 군, 내 덕분에 국경 무역 꿀
잔뜩 빨아놓고 입 씻지 말게.

합하, 좀
합죽이가 됩시다!
합!

으음…

아니, 세상에, 자기 아들 망하라고, 전쟁 터지라고 고사 지내는 아버지가 어디 있답니까?!!

노망나신 거 같아요!!

아버님 말 반대로만 가면 그게 무조건 정답입니다!!

음…

…조약 받도록 하시오~

고종은 조약 윤허의 명을 내리고.

이에 1876년 2월 27일,
강화도에서 조일수호조규가 체결된다.

서계 문제와
운요호 사건에 대해서는
일본 측과 합의한 해명문에
도장 찍는 걸로 해결 봄.

※조약 내용

朝日修好條規

제1관   조선은 자주국가로, 일본과 평등하게 교류한다.
서로 존중하고, 권리를 침해하지 않는다.
앞으로 새 규약으로 영원히 친하게 지낸다.

제2관   양국은 서로 사신을 파견해 양국 예조, 외무성에서
        각종 사무를 논의토록 한다.
        사신의 주재 기간은 재량에 맡긴다.

사실상 공사관 설치를
뜻하는 내용이죠.

음? 공사관?

원래는 상주 공사 파견을
뜻하는 내용이었는데

조선 쪽에서 받아들일 수 있는
좀더 전통적인 버전으로
마사지한 문구지요.

제3관   양국 간 외교 문서는, 일본은 일본 글자로,
        조선은 한문으로 작성한다.

아니, 너네 한문
문서 작성 능력도
다 까먹었냐? ㅎ

앞으로의 국제 무대는
국가 개별 정체성 강조가
중요시되는 세상이여.

(물론 그런 팁은
안 가르쳐준다.)

제4관   왜관을 혁파하고, 새로이 개항장을 정한다.
개항장에서 일본인들이 사정에 맞게
장사하고 거주할 수 있도록 한다.

제5관   부산 이외에
두 곳의 항구를
더 개항한다.

원산과 인천이
개항장으로 정해졌다.

원산

인천

부산

제6관   일본 선박의 조선 근해 조난 시,
조선 측에서는
그 구난에 최선을 다한다.

제7관 조선 근해의 암초에 대한 근대적 해도가 없어
모두에게 위험하기에, 일본 배들이 수시로
돌아다니며 측량, 조사할 수 있도록 한다.

결국 조선 영해를
일본 배들이 마음대로
헤집고 다닐 수 있게 된 셈이죠.

제8관 일본은 개항장에 일본인들을
관리하는 관청을 설치한다.

사실상의
영사관. ㅎ

제9관 양국 백성은 관의 간섭 없이
자유롭게 무역할 수 있도록 한다.

자유 무역은
모두에게 이득이 되지요!

제10관　　일본인이 개항장에서 죄를 범하면
　　　　　일본으로 압송해 재판토록 한다.

양놈들이 이 맛에
치외법권 하는구멘!ㅎ

이게, 왜관 시절에도
일본인 범죄자는 일본 쪽에서
알아서 처리하게 했던지라,
걍 그러려니 하고 넘어간 내용이죠.

영토 내 사법주권, 치외법권 어쩌고 하는
얘기를 조선에서 알 턱이 있나;;

제11관　　6개월 안에 별도의
　　　　　통상조약을 맺는다.

그렇게 5개월 후 맺어진
통상장정에 따라
일본으로의
쌀 수출이 허가되고.

다행히 담배, 아편 수입은
금지했다….

선박의 항구 이용 요금이 책정되었지만
관세 얘기는 나오지 않았다.

왜관 시절에도 관세 없이
무역했으니까요~

뭐, 그러려니~

근대 통상 조약에 대한
이해가 없었던 조선이었던지라
이후 7년여간 조일 무역은
무관세 상태가 된다.

제12관 이상의 내용을 양국은 성실히 이행하고
영원히 준수해 친하게 지내도록 합시다.

이 조약문은 양국 군주가 각각 바로 비준.

원래는 군주들의 이름과
자필 서명이 들어가는 게
근대 조약 양식인데─

어딜 무엄하게 임금 휘를!

조선 측 반대로
군주들 이름은 표기 안 함.

그리 조약 체결하고
구로다는 귀국.

선물로
변변찮은 총포 몇 정
드리고 갑니다～

우린 선물로
붓과 벼루 등을
줬지요.

…보란듯이 개틀링 건을
선물하고 가다니;;

일본 놈들 발전상이
어마무시한가 보오;;

뭐, 이 개틀링 건은
미국제 수입품이지만요.

이 리볼버는 일본에서
복제 생산한 거라고 하니,
서양 재주를 꽤 익힌 듯합니다.

개틀링 건에
깊은 인상을 받은
고종은 강화도조약
2주 후, 바로 일본行
수신사 파견을 명한다.

소인에게 진정 의미 있는 치하는—

새 시대에 떨어진 첫 불씨가
진정 큰 치하입니다.

아이! 노고
크셨습니다, 선생님!

감축드립니다!

결국 큰 문을
열어젖히셨습니다!

굽씨의 오만잡상

강화도조약은 오늘날 결과론적 시각에서 볼 때, 결국 일제강점에 이르게 되는 침략 플랜 큰 그림의 한 스텝으로 여겨지곤 합니다. 하지만 그런 시각은 결국 모든 그림이 완성된 이후에나 나오게 된 것. 당시 사람들의 관점은 오늘날 우리의 관점과는 다를 수밖에 없습니다. 일단 당시 일본 정부에 강화도조약은 옛 막부의 전통적·동양적 외교의 잔재를 완전히 지워버림과 동시에 지척의 외교적 불안정성을 해소하고 신정부의 체면을 세우는 퀘스트였지요. 또한 서구 열강을 흉내 내 동양 은둔국을 상대로 일방적 개항 조약을 성사시킴으로써 서양식 함포 외교를 일본도 흉내 낼 수 있음을 실증했다 하겠습니다. 뭣보다도 일본 국내 정치에서 끈질기게 정부를 괴롭혀온 정한파의 명분과 빌미를 일소할 수 있었다는 부분이 가장 중요한 포인트로 여겨졌을 것입니다. 물론 정말로 장기적인 관점에서 청나라를 견제하고 조선에 침 발라뒀다는 인식도 있었겠지요. 조선 측에서는 막부 멸망 후 새로 들어선 일본 정권과 전통의 교린 관계를 회복하는 정도로 받아들인 게 공식적인 입장이었습니다. 도끼 든 선비들 입장에서는 일본이 서양 앞잡이가 되어 비집고 들어온 것이었겠고요. 당시에는 일본이 그 자신의 능력과 야심으로 조선을 완전히 집어삼킬 거라고는 다들 쉽게 상상할 수 없었겠지요.

한편, 19세기 말부터 오늘날까지 일본인들이 강화도조약을 논하며 가장 강조하는 부분은 강화도조약의 제1관으로 조선이 청나라에서 분리된 자주국가임을 최초로 공식 인증했다는 것입니다. 하지만 베이징 외교가의 서양인들은 이미 병인양요와 신미양요를 통해 조선이 청에 형식적으로 신속할 뿐, 평범하게 외국으로 취급받는다는 걸 이미 알고 있었습니다. 따라서 그러한 관점은 딱히 국제적으로 평가받지 못했을뿐더러, 무엇보다 이후 조선과 수교하는 서구 열강은 죄다 일본이 아닌 청나라의 소개장을 들고 왔지요. 19세기 중반 이후 청나라는 동양식 국제관과 서양식 국제관을 모두 인정하는 노선을 취해왔고, 강화도조약의 제1관은 조선도 이제 서양식 국제관을 관계의 한 틀로 받아들인다는 인증이라 할 수 있겠습니다(조선과 청나라가 동양식 국제관을 폐기하는 건 꽤 이후의 일이 되지요).

불평등조약이라는 부분을 보자면 사실 일본인들은 조선에 그렇게까지 불평등한 조약을 제시했다고는 생각하지 않았다지요. 당시 강화도조약을 전후해 일본의 반정부 세력이 유약한 대응, 음징 부족을 들어 정부를 비판했을 정도니 말입니다. 그리고 사실 조선인들 또한 처음에는 딱히 불평등 독소 조항들을 인지하지 못했습니다. 막부 시절 왜관 무역 때도 전통적으로 무관세와 치외법권이 관습이었으니 말입니다. 하지만 얼마 안 가 곧 뭔가 잘못되었는지 깨달은 조선은 조약 개정을 부르짖게 됩니다. 그리고 조선인들은 일본인들이 그런 수작을 부렸다는 걸 절대 잊지 않았으니, 이는 이후 대일 불신의 한 요인이 된 측면이 있습니다.

제 1 7 장

수신사 파견

조선 후기, 실리 있는 문물을 도입해
이용후생에 힘쓰고자 한 북학파.

박지원   홍대용   박제가

그 북학파의 학통은 박지원의 손자
박규수에게 전승되었다 하고.

박규수

이 북학의 학통은 박규수를 통해
구한말 개화파까지 이어진다고도 하는데.

크악!!! 양반님네들의 동도서기 어쩌고 잠꼬대는 틀려먹은 얘기라고!!!

헉;

그 중간의 미싱 링크로 여겨지는 중인 의역관 계층의 영향은 북학의 유교적 베이스와는 매우 이질적인 감성을 보여준다.

북학

중인

개화

동도서기가 아니라 서도서기가 정답이다!!!

그 핵심 인물들은 박규수 휘하의 중인 의역관— 역관 오경석과 의원 유홍기.

크으— 강화도에서 일본 놈들이 대포 좀 쏴서 조정이 뒤집어졌어야 했는데…

그리 울분이 차 있으니 이리 풍기가 오는걸세.

유홍기(45세)

오경석(45세)

인류 문명의 특이점을 향해
만국이 질주하는 이 시국에
나라의 운전대를
쥔 양반님네들 꼬라지를 보고
어찌 울분을 참을 것인가?!

양반 권력은 상하 귀천의 도리를
국시로 삼고, 특권 체제 유지에만
골몰할 뿐이지!!!!

ㅎㅎ, 님들도 그러면 과거시험 보고
양반 관료층이 되어 나라를 이끄시지 그랬어요~

모두에게 열린 신분 상승의 기회!
공명정대한 국가 고시!

조─┤선까는
소리 하고 있네!!

모두에게 열려 있지도 않고,
신분 상승의 기회도 아니며,
공명정대하지도 않은 저 고시야말로
조선 땅의 적폐 of 적폐다!!!

열 내면
풍 온다고;;

조선 땅 대부분의 사람에게
과거시험은 쪼렙 가죽옷 독고다이 모험가가
저 멀리서 구경하는 길드 레이드 보스 몹이지!!

음;; 렙업으로
해결되려나;;

과거시험은 양반 명문가 자제들이
패밀리의 쩔, 버스로 그야말로
스무스하게 통과하는 의례일 뿐!!

이랏샤이~

또한 이후의 관직 배분도 오직 명문가의
혈연과 인맥이 전부일 뿐이다!!

다스림은 귀하고,
아래의 일은 천한 법.
상하 귀천의 질서와 도리!

과거시험은 이 양반 권문
신분제 질서를 정당화하는
허망한 데코일 뿐!

전문직 중인 계층에게는 이미
극혐 체제가 되어버린 것.

과거시험 없는
양놈들 나라에서는 미개하게
인맥, 매관매직, 엽관으로
관직 배분을 한다지.

눈먼 감투는
먼저 먹는 게
임지!!

아니, 뭐 최근에는
양놈들도 과거시험
도입했다던데…

그리 천박한 시스템이지만,
적어도 서양에서는 상하 귀천을 배격하고
신분제를 타파하려는 이념이
큰 줄기를 이루며 그 운동을 이어나가고 있다!

뭔 감투를 썼건,
귀하신 양반 관료 귀족이 아닌
평등한 시민이라고!

아니, 그보다,
생각해보면 관직 배분과
농산물 현물세 문제가
국가 최대 문제라는 건
너무 뭐 없잖아?!

헉헉, 이 두 문제가
조선의 가장 거대한
양대 테마다.

다층 다원화된
문명국가 사회에서 관직 배분,
농지세 같은 문제가 얼마나
비중 있는 자리를 차지할 수 있겠느냐!?

참, 별거 없는 고민을
오래도 해왔구나~

이런 500년 묵은 변비 국가가 어찌 스스로 뚫리길 기대하겠는가?! 양반 놈들이 이념 질서 하나는 아주 기막히게 철근 콘크리트질을 해놨어!

흥분하지 말게. 풍은 서양 의학으로도 고칠 수 없다고.

(유홍기는 일찍이 서양 의서를 구해 공부하며 의술을 갈고닦아왔다.)

미국이든 영국이든 일본이든, 아무나 와서 포격으로 남대문을 날려버려야 이 적폐 체제가 무너지고 국가 개조가 시작될 텐데―

역적 돋는 소리 작작 좀 하시고―

양반 권력을 양반 스스로 개혁함이 어찌 불가능하겠는가. 세상 바꾸자는 꿈이 어찌 혼자만의 것이겠는가.

박규수 사랑채
스터디 모임.

결국 세계의 문명국들은 모두 그 문명의 단계에 이르기 위해 과감한 혁명을 거쳤던 것이죠!!

김옥균(25세)　　(안동 김씨)

우리 애가 요즘 서양 문자에 꽂힌 모양인지라, 그쪽 관련 책자를 구해볼 수 있을까 합니다.

아주 똑똑한 아드님이시오.

A, B
C, D
XX

윤웅렬(36세)　윤치호(12세)

물 건너온 노리개가 있으니 같이 가지고 놀아라~

김옥균네 동네 동생

오경석 아들

서재필(12세)

오세창(12세)

저 역적
꿈나무들이 왜 다
우리 집 사랑채 차지하고
작당들이야….

대감 문하
제자들이라니까요.

누구 맘대로 제자야….

강화도조약으로 온 세상이
우리를 욕하는데 이쪽 라인이라는 게
저 친구들한테 이로울 리가 있나.

기사에 악플
8조 5,000억 개
달린 듯.

그리 욕먹는 데
너무 마음 쓰지 마십시오.
마음의 병을 다스리지 못한다면
명이 크게 깎이게 되시리이다.

이리 마음도 무너지고
몸도 무너지는지라…

일본에 파견하는 수신사로
지원하려고 했지만, 몸 상태와
쓸데없이 높은 품계 때문에
가지 못하게 되어 아쉽구먼.

연세가 69세이신데;;
대문 밖이 황천이죠.

신의를 갈고닦는 의미로 강화도조약 3개월 후 바로 일본에 수신사를 파견한다.

그쪽 사람들 낌새 잘 살펴 오도록.

1876년 5월, 예조참판 김기수가 수신사로 일본행 배에 오른다.

조선 사신을 극진히 대접하는 의미로 황실 전용선을 부산으로 보내 모셔왔습죠~

배는 시모노세키, 고베를 거쳐 요코하마로.

요코하마
고베
시모노세키

고베에서는 서양인들도 구경하고.

서양인들 눈은 왜 그리 푸르딩딩 썩은 눈이신지?

조선인 눈은 왜 그리 찢어지셨는지?

요코하마에서는-

자,
이리 오르시죠~

저게 서양식
행랑채인가.

유리창도 있고, 고급스러운 방인데
걸상이 좀 다닥다닥 붙어 있군요;;
차 마시는 다실 같은 건가요?

예?
아, ㅎㅎ;;

엌ㅋㅋㅋㅋ

우왁!!
지진인가!

덜컹 덜컹

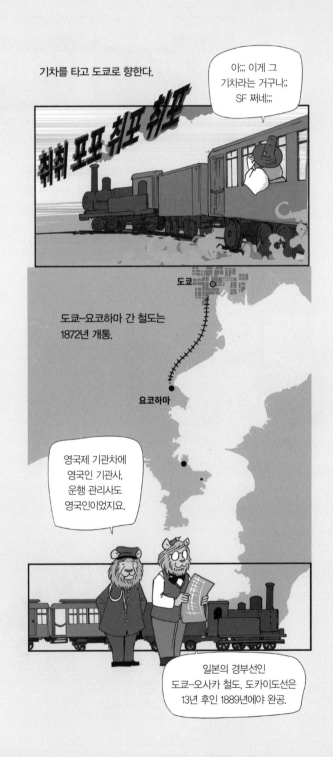

기차를 타고 도쿄로 향한다.

도쿄-요코하마 간 철도는
1872년 개통.

도쿄

요코하마

수신사는
일본 외무성을 방문해
국서를 전달함으로써
임무를 다하고.

오신 김에 천황 폐하도 알현하고
각 성 대신도 다 만나보시죠~

억, 그건 우리
외교 예법이 아닌데요~

팥빙수 대접해드릴
테니까요~ 부디.

그리하여 메이지 천황도 보고.

한반도 사신의
일본 임금 접견은 신라, 발해 이후
한 1,000년 만이려나.

일본 정부의 요인들도
하나하나 모두 만나보고.

"태정대신 산조는 얼굴이
여자처럼 곱고 예쁘더이다."

ㅎㅎ~ 그런 말
자주 듣지요~

"공부경 이토는
유머 감각이 있더이다."

ㅇㅇ,
이토, 유머 감각 이또!!

일본의 근대화 진행 중인
산업과 군대도 시찰.

영국 공사관에서도
접견 요청을 했지만,

불발

그리 도쿄에서
3주 정도 잘 둘러보고
돌아간다.

산조는 김기수에게
작별 선물로
자기 초상화를 줬다고.

후, 잘
돌아갔나;

조선 사신이
우리 쪽 난처한 상황을
눈치채진 못했겠지;;

각지에서 반란의 불길이
폭발 직전이라는 걸…

구마모토에서
불온한 움직임이!!

조슈에서
작당 모의 첩보
입니다!!

가고시마에서
사이고 일당이
뭔가 꾸미고 있습니다!

To be continued

주요 사건 및 인물

주요 사건

사가의 난

1874년(메이지 7년) 에토 신페이, 시마 요시타케 등이 주도해 사가 번 불만 세력들이 메이지 정부에 대항해 일으킨 난이다. 1873년(메이지 6년) 조선 출병 문제를 둘러싸고 사이고 다카모리를 필두로 한 정한파 세력과 오쿠보 도시미치를 필두로 한 사절단 세력이 충돌한 끝에 무쓰히토 천황이 후자에 힘을 실어준 '메이지 6년 정변'이 발발. 이에 실각한 정한파 거두 에토는 고향인 사가 번으로 내려가, 그곳의 보수파 사족들인 우국당을 이끄는 시마와 힘을 합친다. 그 와중에 우국당 인원들이 정부 공금 위탁 금고를 약탈하자 이를 빌미로 정부는 군대를 파견한다. 이에 봉기한 사가 반군은 2월 18일 사가성 점령에 성공하며 기세를 타지만, 이후 증파된 정부군에게 패배를 거듭한다. 이윽고 28일 정부군이 사가성을 탈환하며 난은 막을 내린다. 에토와 시마는 모두 사가 번을 벗어나 도주하지만, 얼마 못 가 붙잡히고 참수당한다.

대만 원정

사가의 난 이후 오쿠보는 정국을 주도할 이슈로 대만 출병을 꺼내 든다. 1871년 류큐 미야코섬 주민들이 대만에 표착했다가 그곳 원주민인 파이완족에게 54명이 살해당한 미야코섬 사건이 벌어져, 그 보상과 관련해 일본이 청나라와 교섭했지만 결렬되었다. 이에 일본 정부는 대만 원정을 결정하고 여론을 모으지만, 내외의 거센 반대에 직면해 원정을 중지키로 한다. 하지만 대만 원정 지휘를 맡은 사이고 쥬도의 독단으로 1874년 5월 2일 원정군이 나가사키를 출항, 5월 8일 대만 헝춘반도에 상륙해 한 달간 원주민 마을들을 토벌했다. 7월 1일 파이완족의 항복을 받아낸 원정군은 장기 주둔 태세를 갖춘다. 이에 일본과 청나라의 관계가 급속히 냉각되는데, 주청 영국 공사의 주선으로 오쿠보와 이홍장이 협상에 임한다. 일곱 차례나 협상이 진행되는 동안 대만에서는 말라리아 등의 풍토병으로 다수의 일본군 병사가 사망하고, 청나라가 대만 방면 전력을 증강함에 따라 일본은 불리한 처지에 놓이게 된다. 결국 1874년 10월 31일 청일양국호환조관을 체결, 일본군은 철수하고 청나라는 류큐인 피해자 유족을 위한 위로금과 일본군 기지 시설 인수비 명목으로 70만 엔을 일본에 지불하는데, 이는 일본의 대만 원정 비용의 10%에도 미치지 못하는 금액이었다.

대원군 실각

흥선대원군이 비공식 섭정 통치를 이어간 지 10여 년, 성인이 된 고종은 군왕의 친정을 위해 아버지를 실각시킬 계획을 세운다. 그는 자신의 외삼촌이자 중전의 양오라비인 민승호를 통해, 흥선대원군의 가장 큰 적대 세력인 유림의 거두 최익현에게 뜻을 전한다. 그리하여 1873년 11월 14

일 최익현은 대원군의 실정과 그 비선 권력 시스템을 비판하는 상소를 올린다. 조정이 발칵 뒤집히나, 고종은 최익현을 비판한 친대원군 세력을 모두 내쫓고 최익현에게 호조참판직을 내린다. 하루아침에 권력을 잃은 대원군은 양주 별장에 틀어박히고, 고종의 친정이 본격적으로 시작된다. 동시에 민씨 척족의 영향력이 커지게 된다.

운요호 사건

대원군 실각 후 고종은 일본과의 서계 문제에 전향적 태도를 보인다. 당시 조정은 서계를 다듬는 데 어려움은 있더라도 최소한 우호적인 자세로 일본을 대해야 한다고 판단한다. 이에 동래부사 황정연이 연회를 열고 일본 외교관 모리야마 시게루를 초대하나, 전통 복장이 아닌 양복 차림으로는 들여보낼 수 없다 해 오히려 관계가 나빠진다. 조정이 황정연을 해임하나, 시게루는 본국으로 귀환해 대조선 강경책을 주장한다. 서계 문제가 해결되지 않아 정한파의 비판에 직면한 오쿠보는 무력 동원을 결정하고, 이에 과격한 정한파 장교 이노우에 요시카가 지휘하는 운요호를 조선에 보낸다. 1875년 5월 25일 운요호는 해도 연구, 측량 등의 이유를 대며 부산 왜관 항구에 도착, 포격 연습을 강행하고, 이후 동해안을 따라 북상해 함경도까지 갔다가 나가사키로 귀환한다. 9월 12일 다시 바다에 나온 운요호는 강화도로 향한다. 이후 긴급 구난 상황에서는 영해, 영토 진입을 허용한 국제법을 근거로 식수가 부족하다며 19일 인천 앞바다에 닻을 내린다. 몇몇 병사가 작은 배에 옮겨 타 강화도 상륙을 시도하던 중, 초지진의 경고 사격을 받는다. 이에 운요호는 포격을 가해 초지진에 피해를 입히고, 남쪽으로 향해 영종도에 병력을 상륙시킨다. 상륙 병력은 영종진 수비대를 축출하고 영종진을 점령, 약탈과 방화를 감행한다. 이후 운요호는 24일 일본으로 돌아간다.

조일수호조규 체결

강화도조약으로도 불린다. 운요호 사건 당시 초지진의 선제공격을 문제 삼아 일본은 조선에 책임을 묻는다. 국내외의 여론 공작을 진행한 후, 1875년 11월 일본은 조선에 사절단을 파견하기로 하고, 구로다 기요타카를 사절단 대표로 임명한다. 12월 강화도 방문을 일방적으로 통보한 후, 1876년 1월 15일 사절단이 부산에 도착, 17일 강화도로 출발한다. 29~30일에 문정관으로 파견된 오경석과 현석운이 화성 앞바다에서 사절단과 접촉해 강화도 방문을 불허한다는 뜻을 전하나 묵살당한다. 결국 조선 조정은 일본과 화의하기로 의견을 모으고, 30일 신헌을 대표로 한 접견단을 강화도로 보낸다. 2월 10일 일본군 병력 400여 명과 사절단이 강화성에 들어오고, 11일 화의가 시작된다. 일본 측은 서계 문제와 운요호 사건의 책임을 들먹이며 조선 측을 압박하고,

관계 정상화를 빌미로 조일수호조규 체결을 요구한다. 국가 간 근대적 조약의 의미를 제대로 파악하지 못한 조선은 일본이 요구한 조일수호조규를 체결한다. 조일수호조규는 12개 조항으로 구성되는데, 이로써 일본은 조선에 대한 청의 간섭을 배제하고, 부산 외에 두 개의 항구를 더 개항토록 하며, 마음껏 조선 해안을 측량할 권리와 치외법권을 인정받는다. 5개월 후 통상장정을 추가하게 되는데, 이때 조선이 근대적 통상조약에 대한 이해가 부족한 점을 노려 관세를 따로 언급하지 않아 이후 7년여간 조일 무역은 무관세로 진행된다.

수신사 파견

조일수호조규 체결 후인 1876년 6월 김기수가 수신사로 일본에 파견된다. 일본은 배편을 위해 황실 전용선을 보내는 등 수신사에게 극진한 예우를 보인다. 수신사는 고베를 거쳐 요코하마에 도착, 기차를 타고 도쿄에 도착한다. 일본 외무성에 국서를 전달한 후에는 천황을 비롯해 여러 최고위층 인사들을 만난다. 또한 근대화가 한창 진행 중인 각종 공장과 병영도 방문한다. 영국 공사관에서 접견을 요청하나 수신사 측의 거절로 불발된다. 수신사는 도쿄에서 3주 정도 머문 뒤 조선으로 귀국한다.

주요 인물

고종 高宗

조선의 26대 왕이자 대한제국의 초대 황제. 1852년 9월 8일 흥선군의 둘째 아들로 태어났다. 1863년 철종이 후사 없이 죽자, 흥선군과 대왕대비 조씨는 고종을 헌종의 아버지 익종의 양자로 삼아 왕위를 잇게 한다. 다만 고종의 나이가 11세에 불과해, 흥선군이 대원군이 되어 실질적으로 나라를 다스린다. 이후 10여 년간 흥선대원군은 비변사를 폐지하고 서원을 철폐하는 등 조선의 지배 구조를 크게 개편하고, 병인양요, 신미양요 등을 겪으면서 강력한 쇄국 정책을 펼친다. 1873년 스무 살이 넘은 고종은 처가인 민씨 일족과 손잡고 최익현을 움직여 계유상소 정국을 조성, 흥선대원군을 실각시킨다. 이로써 고종의 친정이 시작되었지만 이후 민씨 척족의 세도 정치가 심화한다. 1876년 조일수호조규를 체결한 후에는 급변하는 국제 정세에 발맞추기 위해 개화 정책을 펼치고 내정을 개혁한다. 하지만 1882년 임오군란과 1884년 갑신정변으로 청나라와 일본의 내정간섭이 심해진다. 1894년에는 동학농민운동을 가까스로 수습하나, 같은 해 청일전쟁이 벌어진다. 이 전쟁에서 승리한 일본은 1895년 을미사변을 일으키는 등 조선을 마음대로 주무르기 시작한다. 이에 신변의 위협을 느낀 고종이 1896년 아관파천을 단행, 러시아에 힘을 실어줌으로써 조선을 무대로 한 열강의 이권 각축은 더욱 심해진다. 1897년 경운궁으로 환궁한 고종은 국호를 대한제국으로 새로 정하고, 초대 황제로 즉위한다. 이후 광무개혁을 실시해 전제군주제를 강화하고, 독립협회 등 의회주의자들을 탄압한다. 1900년부터는 일본의 침탈에 대비해 군사력을 키우나, 1905년 을사늑약이 맺어지면서 1907년 군대가 해산당한다. 고종은 헤이그 특사를 파견해 일본의 만행을 국제 사회에 호소하지만, 오히려 강제 퇴위된다. 1910년 한일합방조약이 체결된 후에는 덕수궁에 머물다가, 1912년 비밀리에 독립의군부를 조직, 왕정복고를 시도하나 실패한다. 1919년 1월 21일 숨을 거둔다.

명성황후 明成皇后

고종의 왕비이자 추존황후. 1851년 11월 17일 고종의 외할아버지인 민치구의 10촌 동생뻘 되는 민치록의 딸로 태어난다. 이후 고종의 외삼촌인 민승호(민치구의 둘째 아들)가 민치록의 양자로 입적되어 양오라비가 된다. 1866년 고종과 혼인했는데, 당시 고종은 후궁인 귀인 이씨를 총애하고 있었다. 1868년에는 귀인 이씨가 아들을 낳아 그 총애가 더욱 깊어졌다. 이에 자신의 입지를 다지고자 민씨 척족 및 흥선대원군의 정적들과 제휴한다. 1871년 아들을 낳으나 항문 폐색으로 5일 만에 죽어버린다. 이후 민승호를 통해 최익현을 포섭, 흥선대원군을 몰아내고 고종의 친정 성립을 돕는다. 1874년 순종이 될 적장자 이척을 낳는다. 1882년 임오군란 때는 난병들에게 목숨을 잃을 뻔하나, 변장하고 궁궐을 빠져나와 화를 피한다. 이후 고종의 곁에서 정사에 관여하며 청나라와, 때로는 러시아와 손을 잡는다. 그 과정에서 일본인들에게 걸림돌로 인식되어 1895년 10월 8일 일본 공사 미우라 고로가 주도한 모살 세력에게 살해당한다.

신헌 申櫶

조선 말의 무신이자 외교관. 1810년 태어나 1828년 무과에 급제한다. 1849년 금영대장이 되나 얼마 안 가 파직, 유배된다. 1857년 풀려난 뒤 1886년 병인양요 때 총융사가 되어 강화도의 소금 창고를 수비한다. 1874년 진무사 훈련대장으로 임명된 후에는 강화도에 포대를 구축한다. 1876년 운요호 사건이 벌어지자 판중추부사로 파견되어 일본과의 교섭에 임한다. 군사적 압박과 국제법을 들먹이며 조약을 통한 관계 회복을 압박하는 일본의 설득에 신헌과 조정은 동의하고, 결국 조일수호조규가 체결된다. 1882년에는 미국을 상대로 조미수호통상조약을 체결하고 2년 후인 1884년 사망한다. 청년 시절 실학에 관심이 많아 정약용의 민보방위론을 토대로 《민보집설》, 《용서촬요》 등의 병서를 쓴다. 연장선에서 김정호의 〈대동여지도〉 제작에 도움을 준다. 김정희에게 서예, 시 등을 사사해 문예에도 조예가 깊었다.

귀스타브 에밀 보아소나드 Gustave Émile Boissonade

메이지 시대 일본에 서양 근대법을 전한 법학자. 1825년 프랑스 뱅센에서 태어나 파리대학에서 수학, 1853년 법학 박사 학위를 딴다. 1873년 일본 법무성의 초청으로 도일, 법무성 법학교에서 교편을 잡는다. 이와 함께 일본 정부의 법률 고문 역할을 하며 일본의 각종 법 제정과 대외 문제에 중요한 조언자가 된다. 일본 근대법 체계 성립에 막대한 영향을 미쳐 일본 근대법의 스승이라 불린다. 호세이대학의 전신인 도쿄법학교의 교감을 지내고 1895년 프랑스로 귀국, 1910년 사망한다.

구로다 기요타카 黒田清隆

메이지 시대에 활약한 일본의 무관이자 정치가. 1840년 사쓰마 번의 번사 집안에서 태어나 어렸을 때부터 총과 칼을 잘 다루었다. 이후 무진전쟁에서 일선 지휘관으로서 역량을 발휘하고 홋카이도의 에조 공화국 토벌을 지휘한다. 이후 에노모토 다케아키 등 구막신들의 사면과 등용에 힘쓴다. 전후 메이지 정부에서 개척사 장관이 되어 홋카이도 개발과 사할린 문제를 담당한다. 대만 원정에는 반대하지만, 운요호 사건 이후 벌어진 조선과의 화의에서 특명 전권대신 정사로 임명되어 조일수호조규 체결에 앞장선다. 1877년 사쓰마 번 사무라이들이 일으킨 세이난 전쟁 때도 정부군을 지휘해 활약한다. 말년은 좋지 못했는데, 홋카이도 개발에서 수익을 내지 못한 개척사가 폐지되는 와중에 비리범이라는 의혹을 뒤집어쓰고, 아내 살해범이라는 가짜뉴스에 시달린다. 다만 정치적 영향력을 완전히 잃지는 않아 일본 제국의 두 번째 내각총리대신이 된다. 1년 반 정도의 짧은 임기를 마친 후 추밀원 의장을 지내기도 하지만, 결국 술독에 빠져 살다가 1900년 뇌출혈로 죽는다.

이홍장 李鴻章

청나라 말기의 고위 관료이자 실권자. 1823년 안휘성 허페이에서 태어나 이전 세대의 유학자인 증국번에게 사사했다. 1844년 과거를 쳐 생원이 되고 1847년 진사시에 합격, 진사 중에서도 가장 뛰어난 인재만 뽑는다는 한림원 관리가 된다. 이후 태평천국의 난이 터지자 증국번 막료로 들어가 난을 진압하며 명성을 쌓고, 염군의 난도 진압하며 회군 군벌의 지도자로 정계의 거물이 된다. 곧 북양대신에 임명되어 근대화 운동인 양무운동을 주도, 막대한 예산을 들여 북양 함대를 조직한다. 청나라의 실권자로서 러시아, 영국, 미국, 프랑스, 일본 등과의 관계 조율을 주도한다. 조선 문제에서는 일본의 영향력 확대를 경계해 조선과 서구 열강의 수교를 주선한다. 조청 상민수륙무역장정을 통해 조선에 대한 청의 종주권을 새롭게 확립하길 꾀하고, 텐진조약을 맺어 조선에서 청나라와 일본 군대를 모두 철수시킨다. 하지만 1894년 터진 청일전쟁에서 북양함대가 무너지며 청나라가 참패, 이홍장은 그 권세를 잃게 된다. 청일전쟁의 강화조약인 시모노세키조약 체결을 위해 방일 중 괴한의 총격을 받아 부상을 입기도 한다. 이후 미국, 영국, 독일, 러시아 등 서양 각지를 순방한다. 1900년에 터진 의화단운동의 뒷수습을 위해 복귀해 서구 열강과 화의 교섭을 진행, 1901년 9월 청나라를 대표해 11개국과 신축조약을 체결한다. 신축조약으로 청나라는 막대한 배상금과 이권을 뜯기게 되며, 이로써 이홍장은 천하의 매국노로 비난받는다. 정신적, 육체적으로 탈진한 이홍장은 신축조약 체결 두 달 후인 1901년 11월 숨을 거둔다.